改正犯収法と司法書士

司法書士
末光祐一
SUEMITSU YUICHI

一般社団法人 **金融財政事情研究会**

推薦の辞

　令和 6 年（2024年）４月１日に施行された改正犯収法は、司法書士の実務に大きな影響を及ぼす。特に、取引時確認の適用項目の増加は、従来本人特定事項の確認を中心に考えていた犯収法対応を大きく変えなければならないこととなった。この改正によって、実際の実務処理に迷いが生じることも考えられ、特に、実質的支配者の本人特定事項の確認や、リスクベース・アプローチと犯収法との関係については、司法書士の実務に直結する課題となるものと考える。

　本書を執筆した末光祐一氏は、この分野で最新の知識を有し、改正犯収法とそれに伴う司法書士業務の解説に最も適している。本書が、実務で直面する課題に取り組むための指針として有用であることを確信し、ここに推薦する次第である。

　令和 6 年10月

日本司法書士会連合会

会長　**小澤　吉徳**

日本司法書士会連合会

執務調査室ML/TF対策部会

部会長　**加藤　政也**

はじめに

　従来、司法書士はマネー・ローンダリング（Money Laundering：マネロン）とは無関係であると思われがちであったが、昨今の社会情勢は、そのような考え方を許してはいない。司法書士一人一人が、リスクに応じて実効性のあるマネロン対策を講じることが求められている。そのためには、その最低限の対策を規定した「犯罪による収益の移転防止に関する法律」（犯罪収益移転防止法）についての理解は欠かせない。

　令和4年（2022年）の同法の大改正は、司法書士の実務にも大きな影響を与えている。もとより、同法を遵守し、リスクベース・アプローチに沿ったマネロン対策を講じることは、国民生活の安全、平穏と経済活動の健全性にとって不可欠であると同時に、司法書士自身がマネロン事犯に巻き込まれないためにも大きな意義がある。本書が、改正法への理解を深め、司法書士のマネロン対策のための一助となれば、筆者として望外の喜びである。

　なお、本書は金融財政事情研究会発行の『月刊登記情報』の連載を書籍化したものであり、同連載中に関連の記載がある場合、「【登記情報】」として示している。

　令和6年10月

司法書士　末光　祐一

● 目　次

第1章　令和4年の法改正の概要と、その経緯、背景

第1　犯罪収益移転防止法の改正の概要 ……………………… 2
1　概　　要 ………………………………………………………………… 2
2　「外国所在暗号資産交換業者との契約締結の際の確認」
「暗号資産の移転に係る通知義務」に関する条項の新設 ……… 3
3　弁護士等による本人特定事項の確認等に相当する措置に
関する条項の整理 ……………………………………………………… 4

第2　国際的な動向 ……………………………………………… 6
1　麻薬対策 ………………………………………………………………… 6
2　FATFと「40の勧告」 ……………………………………………… 9
3　組織犯罪対策と「40の勧告」の改訂 ………………………… 10
4　テロ資金供与対策とFATF特別勧告 ………………………… 10
5　新「40の勧告」及びその後 …………………………………… 12

第3　我が国の動向 …………………………………………… 15
1　麻薬特例法 …………………………………………………………… 15
2　組織的犯罪処罰法 ………………………………………………… 15
3　テロ資金提供処罰法 ……………………………………………… 16
4　金融機関等本人確認法 …………………………………………… 16
5　犯罪収益移転防止法 ……………………………………………… 17
6　犯罪収益移転防止法の改正 …………………………………… 18

第4　令和4年の法改正の背景 …………………………… 21
1　FATF第4次対日審査 …………………………………………… 21
2　マネロン・テロ資金供与・拡散金融対策に関する行動計画 … 25
3　マネロン・テロ資金供与・拡散金融対策の推進に関する
基本方針 ……………………………………………………………… 28
4　FATF勧告対応法 ………………………………………………… 31

v

第2章 司法書士に関連する犯罪収益移転防止法の主な改正事項

第1 確認事項の追加 40
1 概　要 40
2 取引を行う目的 42
3 職業又は事業の内容 47
4 実質的支配者の本人特定事項 54
5 ハイリスク取引の場合 94
6 顧客等が国等である場合の確認事項 102

第2 経過措置 117
1 取引時確認を行っている顧客等との取引 117
2 既に取引時確認を行っている顧客等との取引に相当する取引 128
3 附則8条1項関係（改正法の施行前に取引時確認を行っている一般顧客等に関する経過措置） 130
4 附則8条2項関係（改正法の施行前に取引時確認を行っている特定社団等顧客等に関する経過措置） 134
5 附則8条4項関係（改正法の施行前に取引時確認に相当する確認を行っている顧客等に関する経過措置） 136
6 都度確認 138

第3章 改正犯罪収益移転防止法の総まとめと改正の前後で変わらない事項の概略

第1 犯罪収益移転防止法及び法改正の意義 142
第2 令和4年の改正の概要 145
1 改正事項全般 145

CONTENTS

2 司法書士に関連する主な改正 ……………………………… 145

第3 令和4年の改正の前後で変わらない基本的な事項の概略 …………… 148

1 総　則 ……………………………………………………… 148

2 特定事業者による措置 …………………………………… 150

3 監督と罰則 ………………………………………………… 163

【参考資料Ⅰ】 …………………………………………………… 165

【参考資料Ⅱ】 …………………………………………………… 166

【参考資料Ⅲ】 …………………………………………………… 167

【参考資料Ⅳ】 …………………………………………………… 168

【参考資料Ⅴ】 …………………………………………………… 174

【参考資料Ⅵ】 …………………………………………………… 182

vii

第 **1** 章

令和4年の法改正の概要と、
その経緯、背景

第1 犯罪収益移転防止法の改正の概要

1 概　要

　令和4年の改正によって、犯罪収益移転防止法のうち、主に次の条項が改正された。

●犯罪収益移転防止法の主な改正事項

第4条関係 ☞第2章	司法書士等（犯罪収益移転防止法2条2項46号）、行政書士等（犯罪収益移転防止法2条2項47号）、公認会計士等（犯罪収益移転防止法2条2項48号）及び税理士等（犯罪収益移転防止法2条2項49号）に対し、新たに取引時の確認事項として、取引を行う目的、職業又は事業の内容及び実質的支配者の本人特定事項の追加
第8条関係 ☞第3章 　第3の2(6)	疑わしい取引の届出について、行政書士等、公認会計士等及び税理士等に対して義務化
第10条の4 第10条の5 ☞第1の2	「外国所在暗号資産交換業者との契約締結の際の確認」、「暗号資産の移転に係る通知義務」に関する条項の新設
第12条関係 ☞第1の3	弁護士等による本人特定事項の確認等に相当する措置に関する条項の整理
第13条関係	捜査機関等への情報提供等に関する条項の整理
第18条関係	是正命令に関する条項の整理
第22条関係	行政庁等に関する条項の整理

2 「外国所在暗号資産交換業者との契約締結の際の確認」「暗号資産の移転に係る通知義務」に関する条項の新設

　暗号資産交換業者は、外国所在暗号資産交換業者との間で、暗号資産の移転を継続的に又は反復して行うことを内容とする契約を締結するに際しては、当該外国所在暗号資産交換業者について、「取引時確認等相当措置を的確に行うために必要な基準に適合する体制を整備していること」や「当該外国所在暗号資産交換業者が、外国所在暗号資産交換業者であって監督を受けている状態にないものとの間で暗号資産の移転を継続的に又は反復して行うことを内容とする契約を締結していないこと」の確認を行わなければならない。

　暗号資産交換業者は、顧客から依頼を受けて暗号資産の移転を行う場合において、当該移転を受取顧客に対して行うとき、又は受取顧客に対する当該移転を他の暗号資産交換業者等に委託するときは、当該依頼を行った顧客と当該受取顧客に係る本人特定事項などの事項を当該受取顧客のために当該移転に係る暗号資産の管理をする他の暗号資産交換業者等や当該委託を受けた者に通知して行わなければならない。

3　弁護士等による本人特定事項の確認等に相当する措置に関する条項の整理

　弁護士等（弁護士（外国法事務弁護士を含む）や弁護士法人（外国法事務弁護士法人と弁護士・外国法事務弁護士共同法人を含む）（犯罪収益移転防止法2条2項45号））も犯罪収益移転防止法の特定事業者であり、同法の体系の大枠の適用を受けるが、その具体的な措置は、日本弁護士連合会の会則に委ねられ、その上で、「政府及び日本弁護士連合会は、犯罪による収益の移転防止に関し、相互に協力するものとする」（犯罪収益移転防止法12条3項）と規定されている。

　その具体的措置は、弁護士等による顧客等又は代表者等の本人特定事項の確認、確認記録の作成と保存、取引記録等の作成と保存、これらを的確に行うための措置に相当する措置については、司法書士等、行政書士等、公認会計士等、税理士等の例に準じて日本弁護士連合会の会則で定めることになっている。司法書士等、行政書士等、公認会計士等、税理士等に取引を行う目的、職業又は事業の内容及び実質的支配者の本人特定事項が確認事項として追加されたことから、弁護士等の措置も、「顧客等又は代表者等の本人特定事項の確認」が「取引時確認」に改められて、「司法書士等、行政書士等、公認会計士等、税理士等の例に準じて」が「司法書士等」に改められた（司法書士等においては、行政書士等、公認会計士等、税理士等と異なり、ハイリスク取引の際の司法書士等による資産と収入の状況の確認に

ついては、第2章第1の5⑵eを参照)。

第2 国際的な動向

1 麻薬対策

　国際的なマネー・ローンダリング等対策は、まず、麻薬対策を中心に取り組まれた。これについて、薬物密造・密売収益の没収などマネー・ローンダリングに対する取締りのため、昭和63年（1988年）12月に、麻薬及び向精神薬の不正取引の防止に関する国際連合条約（麻薬及び向精神薬の不正取引条約）が採択された（平成4年8月28日公布及び告示（条約第6号及び外務省告示第399号）、平成4年9月10日我が国について効力発生）。

　麻薬及び向精神薬の不正取引条約は、その前文で、次のとおりうたっている。

　　この条約の締約国は、

　　麻薬及び向精神薬の不正な生産、需要及び取引が大量であり、かつ、増加の傾向にあることが、人類の健康及び福祉に対し重大な脅威となり並びに社会の経済的、文化的及び政治的基盤に悪影響を及ぼすことを深く憂慮し、

　　更に、麻薬及び向精神薬の不正取引の侵食が種々の社会集団において継続的に増大していること、特に、世界の多くの地域において児童が、不正な薬物の消費の市場として並びに麻薬及び向精神薬の不正な生産、分配及び取引のた

めに、利用されている事実が計り知れないほど重大な危険を伴うものであることを深く憂慮し、

　不正取引とその他の関連する組織的な犯罪活動との結び付きが、正当な経済活動を害し並びに国の安定、安全及び主権に脅威を与えることを認め、

　更に、不正取引が国際的な犯罪活動であり、その防止のためには緊急の注意を払い及び最高の優先度を与える必要があることを認め、

　不正取引が生み出す大きな経済的利益及び富により、国際的な犯罪組織が政府の組織、合法的な商取引又は金融取引の事業及び社会一般のあらゆる段階に浸透し、これらを汚染し及び堕落させることを可能としていることを認識し、

　不正取引を行う者からその犯罪活動による収益を剥奪_{はく}し、これにより不正取引を行う主要な動機を無くすことを決意し、

　麻薬及び向精神薬の濫用の問題の根本的な原因（麻薬及び向精神薬の不正な需要並びに不正取引により生ずる極めて大きな利益を含む。）を除去することを希望し、

　麻薬及び向精神薬の製造に使用されるある種の物質（前駆剤、化学物質及び溶剤を含む。）であって、その入手が容易であるために麻薬及び向精神薬の密造の増加をもたらすものを監視するための措置が必要であることを考慮し、

　海上における不正取引の防止について国際協力を一層推進することを決意し、

不正取引を撲滅することがすべての国の共同の責務であること及びその撲滅のために国際協力の枠組みの下で協同して行動することが必要であることを認め、

　麻薬及び向精神薬の統制の分野における国際連合の権限を認め、また、その統制に関係する国際機関が国際連合の枠内にあることを希望し、

　麻薬及び向精神薬の分野の現行の条約の基本原則並びにこれらにより具体化されている統制制度を再確認し、

　不正取引の大きな規模及び範囲並びにそのもたらす重大な結果に対処するため、千九百六十一年の麻薬に関する単一条約、千九百六十一年の麻薬に関する単一条約を改正する千九百七十二年の議定書により改正された同条約及び千九百七十一年の向精神薬に関する条約に定める措置を強化し及び補完することの必要性を認め、

　更に、不正取引に係る国際的な犯罪活動の防止を目的とする刑事問題に関する国際協力のための効果的な法律上の手段を強化することが重要であることを認め、

　特に不正取引の防止を目的としかつ不正取引の問題全般の種々の部面、特に麻薬及び向精神薬の分野における現行の条約に定められていない部面について考慮する包括的、効果的及び実効的な国際条約を締結することを希望して、

　ここに、次のとおり協定する。

これにより、薬物犯罪による収益の隠匿等の行為を犯罪とすることや、その収益の剥奪に関する制度を構築することが、締約国に義務付けられた。

2　FATFと「40の勧告」

平成元年（1989年）7月には、アルシュ・サミット（第15回先進国首脳会議（1989年7月14日から16日までフランス・パリ郊外にて））で、FATF（Financial Action Task Force：金融活動作業部会）が設立された。FATFは、薬物犯罪に関するマネー・ローンダリング対策の国際協力の強化を図り、マネー・ローンダリング対策について国際協調を推進するための政府間会合である。

FATFは、マネー・ローンダリング等対策に関する国際基準（FATF勧告）の策定等、FATF勧告の遵守状況の監視（相互審査）、マネー・ローンダリング等対策の研究などの活動を行っている。

そこで、FATFは、令和2年（2020年）4月、FATF勧告を策定した。これは、いわゆる「40の勧告（The Forty Recommendations）」と呼ばれ、マネー・ローンダリング等対策に関して、各国が採るべき刑事法制、金融規制等の措置が提言された。前述のとおり、これは、マネー・ローンダリング等対策に関する国際基準として策定されたものであり、これにより、麻薬及び向精神薬の不正取引条約の早期批准や、マネー・ローンダリングに関する法整備、金融機関による顧客の本人確認及び疑わし

い取引に関する措置等を採ることが、各国に求められた。

3 組織犯罪対策と「40の勧告」の改訂

その後、組織犯罪が国際的に広がりを見せる中、平成7年（1995年）6月、ハリファクス・サミット（第21回先進国首脳会議（1995年6月15日から17日までカナダ・ハリファクスにて））において、これまでの薬物犯罪による収益の隠匿等の行為だけではなく、組織犯罪など重大犯罪から得られた収益の隠匿等の行為への対策の必要性が示された。それを受け、平成8年（1996年）6月、FATFにより「40の勧告」の一部が改訂された。これにより、従来のマネー・ローンダリングの概念が薬物犯罪を中心に考えられていたものを、組織犯罪など重大犯罪を含む概念として拡大し、その法整備などが各国に求められた。

さらに、平成10年（1998年）5月、バーミンガム・サミット（第24回先進国首脳会議（1998年5月15日から17日までイギリス・バーミンガムにて））においては、マネー・ローンダリングに関する情報を一元的に集約などするため、各国にFIU（Financial Intelligence Unit：資金情報機関）を設置することが合意された。

4 テロ資金供与対策とFATF特別勧告

テロ対策についても国際的な連携が図られ、その重要性は従来のマネー・ローンダリング対策と変わらないとの認識の下、

昭和63年（1988年）12月には、テロリズムに対する資金供与の防止に関する国際条約（テロ資金供与防止条約）が採択された（平成14年6月17日公布・告示（条約第6号及び外務省告示第261号）、平成14年7月11日我が国について効力発生）。この条約は、「テロリズムに対する資金供与が国際社会全体にとって重大な関心事であることを考慮し、国際的なテロリズムの行為の数及び重大性はテロリストが得る資金に依存することに留意し、また、既存の多数国間の法的文書がそのような資金供与につき明示的に取り扱っていないことに留意し、テロリズムに対する資金供与を防止し、特にこのような行為を行った者の訴追及び処罰によってこれを防止するための効果的な措置を立案し及びとるに当たって諸国間の国際協力を強化することが急務であることを確信して」、協定された。これにより、テロ資金提供・収集行為を犯罪とすること、テロ資金の没収、金融機関による本人確認・疑わしい取引の届出等の措置を採ることが、各国に求められた。

平成13年（2001年）9月に発生したアメリカ同時多発テロ事件（9.11事件）を受けて、同年10月、FATFは「8の特別勧告」を策定した。これは、FATFが、従来のマネー・ローンダリング対策の国際標準を策定するにとどまらず、テロ資金供与対策についても国際標準を策定し、マネー・ローンダリング対策及びテロ資金供与対策（本書では「マネー・ローンダリング等対策」と総称する）を活動内容とすることが明らかとされた。「8の特別勧告」とは、テロ資金に関するFATF特別勧告であり、これにより、テロ資金供与行為を犯罪とすること、テロリズムに

関係する疑わしい取引の届出の義務付けなどが、各国に求められた。「8の特別勧告」は、平成16年（2004年）10月には、キャッシュ・クーリエに関する措置（国境を越える資金の物理的移転を防止するための措置）に関する項目が追加され、「9の特別勧告」となった。

5 新「40の勧告」及びその後

　それまで金融機関を中心に考えられてきたマネー・ローンダリング等対策は、巧妙化する手口に対応するため、一定の金融機関以外の事業者、職業専門家（法律・会計専門家）にも適用させるよう、平成15年（2003年）6月、「40の勧告」が改訂された。国際的に、金融機関を介したマネー・ローンダリング等から、非金融業者、職業専門家を介したマネー・ローンダリング等にシフトしつつあったことに対応するものでもあった。

　平成24年（2012年）2月には、大量破壊兵器の拡散などにも対応するため、「40の勧告」と「9の特別勧告」が一本化され、新「40の勧告」として、次のとおり改訂された。

●新たな「FATF勧告」（The FATF Recommendations）

○従来の「40の勧告」及び「9の特別勧告」を統合
・マネー・ローンダリング対策（40の勧告）とテロ資金供与対策（9の特別勧告）は密接に関係するため、これらの従来の勧告を統合し、双方の対策をカバーする40の勧

告とした。

○リスク・ベース・アプローチの強化

・リスク・ベース・アプローチのコンセプトを明確にするとともに、マネー・ローンダリング及びテロ資金供与関連のリスク評価をより幅広く行い、高リスク分野では厳格な措置を求める一方、低リスク分野では簡便な措置の採用を認め、より効率的な対応を求めることとした。

○法人、信託、電信送金システムに関する透明性の向上

・犯罪者やテロリストによる悪用を防止するために、法人や信託の実質的支配者に関する情報、電信送金を行う際に必要な情報等について基準を厳格化し、これらの透明性を高めることとした。

○マネー・ローンダリング対策及びテロ資金供与対策のための当局機能や国際協力体制の強化

・国内においてマネー・ローンダリング対策及びテロ資金供与対策に責任を持つ法執行機関及びFIUの役割と機能を明確にし、より幅広い捜査手法や権限を求めることとした。

・グローバルなマネー・ローンダリング及びテロ資金供与の脅威拡大に対応するため、捜査当局等に求める国際協力の範囲を拡充した。

○新たな脅威への対応

・腐敗行為防止の観点から、PEPs（重要な公的地位を有する者：Politically Exposed Persons）の定義を拡大し、外国だけでなく国内のPEPs等に関しても、金融機関等に

よる厳格な顧客管理を求めることとした。

・第三次相互審査を通じて、税犯罪とマネー・ローンダリングが密接に関係していることが明らかになったため、税犯罪をマネー・ローンダリングの前提犯罪とすることを求めることとした。

・国連安保理決議の要請に沿って、大量破壊兵器の拡散に関与する者に対し、金融制裁を実施することを新たに勧告化した。

【警察庁刑事局組織犯罪対策部　組織犯罪対策第一課犯罪収益移転防止対策室（JAFIC）】
https://www.npa.go.jp/sosikihanzai/jafic/kokusai/kokutop.htm

その後も、平成25年（2013年）には所有・支配構造が不透明な法人等について、平成27年（2015年）には仮想通貨について、平成30年（2018年）には暗号資産について問題提起され、それらの悪用防止等に関して更にFATF勧告が改訂された。

第1章 | 令和4年の法改正の概要と、その経緯、背景

第 3 我が国の動向

1 麻薬特例法

　国際的なマネー・ローンダリング等対策は麻薬対策を中心に取り組まれたところ、我が国においては、平成2年（1990年）6月、金融団体に対する顧客の本人確認実施を要請する旨の通達（大蔵省銀行局長）の発出があった。

　次いで、その麻薬及び向精神薬の不正取引条約に対応して、平成3年（1991年）10月5日法律第94号「国際的な協力の下に規制薬物に係る不正行為を助長する行為等の防止を図るための麻薬及び向精神薬取締法等の特例等に関する法律」（麻薬特例法）が成立し、平成4年（1992年）7月1日から施行された。これにより、薬物犯罪収益に係るマネー・ローンダリング（薬物犯罪収益等隠匿、薬物犯罪収益等収受など）が犯罪とされ、その没収、追徴などが整備され、金融機関等による疑わしい取引の届出制度が創設された。

2 組織的犯罪処罰法

　平成6年（1994年）にはFATF第1次対日相互審査を受け、さらに、平成8年（1996年）6月、FATFにより「40の勧告」の一部が改訂され、マネー・ローンダリングの概念が組織犯罪

15

など重大犯罪を含む概念に拡大されたことに対応し、平成11年8月18日法律第136号「組織的な犯罪の処罰及び犯罪収益の規制等に関する法律」(組織的犯罪処罰法)が成立し、平成12年2月1日から施行された。

これにより、マネー・ローンダリングの前提犯罪が薬物犯罪だけでなく組織犯罪など重大犯罪にも拡大され、その拡大した対象犯罪に応じて疑わしい取引の届出の対象も拡大するなどされた。

3　テロ資金提供処罰法

平成13年(2001年)10月のFATFの「8の特別勧告」(テロ資金に関するFATF特別勧告)に対応し、平成14年6月12日法律第67号「公衆等脅迫目的の犯罪行為のための資金の提供等の処罰に関する法律」(テロ資金提供処罰法：改題現行「公衆等脅迫目的の犯罪行為等のための資金等の提供等の処罰に関する法律」)が成立し、公布の日から起算して20日を経過した日から施行された。

同時に、組織的犯罪処罰法の一部も改正された。これらにより、テロ資金提供等の行為が犯罪とされ、その疑いのある取引も疑わしい取引の届出の対象とされた。

4　金融機関等本人確認法

令和2年(2020年)4月のFATFの「40の勧告」によって求

められた顧客の本人確認、記録の作成保存の措置に対応し、平成14年4月26日法律第32号「金融機関等による顧客等の本人確認等に関する法律」（金融機関等本人確認法）が成立し、平成15年1月6日から施行された。これにより、金融機関等の本人確認義務、本人確認記録・取引記録の作成義務等が法制化された。

さらに、同法は、平成16年12月10日法律第164号によって、金融機関等による顧客等の本人確認等及び預金口座等の不正な利用の防止に関する法律と改題され、預貯金通帳等の譲受け・譲渡、その勧誘・誘引行為等も処罰の対象とされた。

5　犯罪収益移転防止法

平成16年12月10日には、テロの未然防止に関する行動計画（国際組織犯罪等・国際テロ対策推進本部）が決定され、新「40の勧告」に対応するための法律案が検討され、平成19年3月31日法律第22号「犯罪による収益の移転防止に関する法律」（犯罪収益移転防止法）が成立した。犯罪収益移転防止法は、金融機関等本人確認法（犯罪収益移転防止法によって廃止）及び組織的犯罪処罰法の一部を取り込んだ内容を包含して制定されたものであり、適用対象となる事業者（特定事業者）が拡大され、弁護士、司法書士、行政書士、公認会計士、税理士にも、本人確認義務、本人確認記録・取引記録等の作成の義務などが適用されることとなった。

犯罪収益移転防止法は平成19年4月1日に一部が施行され、

残余の、弁護士、司法書士、行政書士、公認会計士、税理士に対する本人確認義務、本人確認記録・取引記録等の作成の義務などの適用は、平成20年3月1日から施行された。

6 犯罪収益移転防止法の改正

平成20年（2008年）のFATF第3次対日相互審査における指摘を受けて、平成23年4月28日法律第31号「犯罪による収益の移転防止に関する法律の一部を改正する法律」が成立し、改正された犯罪収益移転防止法が平成25年4月1日に全面的に施行された。これにより、特定事業者（弁護士、司法書士、行政書士、公認会計士、税理士を除く）の取引時確認事項が追加、特定事業者に電話転送サービス事業者が追加、取引時確認等を的確に行うための措置が追加、預貯金通帳等の不正譲渡等に係る罰則が強化されるなどした。

平成25年（2013年）には、ロック・アーン・サミット（第39回主要国首脳会議（2013年6月17日から18日まで北アイルランド・ロックアーンにて））で、G8行動計画原則が合意され、これを踏まえて、同年6月には、次のとおり、日本の行動計画が定められた。

法人及び法的取極めの悪用を防止するための 日本の行動計画（仮訳）

平成25年6月18日

日本は、犯罪活動とテロリズムに対処すべくグローバルな協力関係を強化するために、改訂FATF勧告と整合的な形での資金洗浄・テロ資金供与対策の実施が極めて重要であることを強く認識している。法人の透明性向上は、このような共同努力において不可欠な要素の一つである。このため、G8各国が協力を強化するとの精神に則り、日本は以下の行動をとることにコミットする。

■法人及び法的取極めが資金洗浄・テロ資金供与等に利用されることを防止する観点から、現行の制度を充実させることによって、法人が、自らを所有し支配する者を確認することを前提とし、あわせて、当局が法人の実質所有者情報を確認することができるよう制度を整備する。

■信託の受託者が信託の受益者及び委託者の情報を含む実質所有者を認識すべきであることを前提に、当局が信託に関するこれらの情報にアクセスし、外国当局と共有することができる仕組みについて、資金洗浄・テロ資金対策に関する国のリスク評価を踏まえ、検討する。

■現在、FIU（資金情報機関）が関連法に基づき作成、公表している年次報告を抜本的に充実させ、FIUを所管している警察庁を中心とし金融庁等の関係省庁からなる作業チームを設けて、2014年末までに資金洗浄・テロ資金対策に係る国のリスク評価を行う。

■透明性を阻害するおそれのある金融商品や株式保有形態が悪用されないための措置が講じられていることを確認する。

■日本において法人の設立を支援する者に対する監督及び法の執行の充実を図る。

■特定事業者（金融機関及び指定非金融業者・職業専門家）が、顧客管理を含む、国内の資金洗浄・テロ資金対策に関する義務に違反した場合には、関連法令の規定に則り適切な制裁を講じることを確保する。

■法人の基本情報及び実質所有者に関する情報を適時かつ実効的に交換することを含め、国際協力を向上させる。

【外務省】
https://www.mofa.go.jp/mofaj/gaiko/page4_000102.html

　これに加え、対日相互審査の指摘にも対応するため、平成26年11月27日法律第117号「犯罪による収益の移転防止に関する法律の一部を改正する法律」が成立し、改正された犯罪収益移転防止法が平成28年10月1日に全面的に施行された。これにより、疑わしい取引の判断方法の明確化、コルレス契約締結時の厳格な確認、事業者が行う体制整備等の努力義務の拡充等が図られた。

　その後も、特定事業者に仮想通貨交換業者の追加（平成29年4月）、仮想通貨交換業者の暗号資産交換業者への改め（令和2年5月）、特定事業者にカジノ事業者の追加（令和3年7月）、特定事業者に電子決済手段等取引業者等の追加（令和5年6月）など、改正された。

第1章 ｜ 令和４年の法改正の概要と、その経緯、背景

第4 令和４年の法改正の背景

1 FATF第４次対日審査

　我が国に対するFATFの第４次対日相互審査が実施され、令和３年（2021年）８月30日、その報告書である第４次対日相互審査報告書（MUTUAL EVALUATION REPORT OF JAPAN）が公表された。これによれば、日本の監視国入りは免れたものの、「重点フォローアップ国」とされ、「通常フォローアップ国」とは認められなかった。そして、司法書士を含む職業専門家との関連では、次のように指摘された。

● 第４次対日相互審査報告書（職業専門家との関連部分の要約）

・指定非金融業者及び職業専門家（以下、DNFBPs）は、マネロン・テロ資金供与リスクやAML/CFT（Anti-Money Laundering／Counter Financing of Terrorism）に係る義務について低いレベルの理解しか有していない（同報告書概要の「主な評価結果」のb）。
・特定のマネロン・テロ資金供与リスクに直面している一部のDNFBPsを含め、全てのDNFBPsが、疑わしい取引の届出義務の対象になっているわけではない（b）。
・DNFBPsの監督当局は、マネロン・テロ資金供与リスク

21

の理解が限定的であり、リスクベースによるAML/CFT
に係る監督を実施していない（ c ）。

・全ての金融機関とDNFBPsが実質的支配者情報を保持す
ることを義務付けられ、当局が実質的支配者情報を入手
可能とするシステムを実施することに向けて重要なス
テップを踏み出した（ d ）。

・法人について、正確かつ最新の実質的支配者情報はまだ
一様に得られていない（ d ）。

・対象を特定した金融制裁を遅滞なく実施するために金融
機関や暗号資産交換業者、DNFBPsに対してスクリーニ
ングを行う義務が課せられているものの、金融機関や暗
号資産交換業者、DNFBPsによる対象を特定した金融制
裁の実施は不十分である（ j ）。

・一部のDNFBPsに疑わしい取引の届出義務が課せられてい
ないことを含め、DNFBPsが講じる特定の予防的措置に
は不備がある（同報告書概要の「遵守状況と有効性の全体
的な水準」の 4 ）。

・金融機関及びDNFBPsの監督、金融機関及びDNFBPsに
よる予防的措置の実施、法人・法的取極めの悪用防止、
犯罪収益又は等価値の資産の没収、マネロン・テロ資金
供与の捜査・訴追、テロ資金供与に係る予防的措置、テ
ロリズムや拡散金融に対する金融制裁に係る分野におい
て、"moderate level of effectiveness"（中程度の有効
性）を示している（ 5 ）。

・DNFBPsは、主に顧客の本人確認及び顧客が暴力団の構

成員・関係者でない旨の確認といった、基本的なAML/CFTに係る予防的措置の適用に留まっている。また、全てのDNFBPsが、実質的支配者の概念に関する明確な理解があるわけではない。制裁者リストとの照合や高リスク国リストとの照合は、主に顧客が通常の取引形態や属性から逸脱した場合のみ実施されている（26）。

・全てのDNFBPsが、疑わしい取引の届出義務の対象になっているわけではない（27）。

・DNFBPsの監督当局は、監督対象者の許認可・登録の際に、基本的な適格性審査を行っている。これらの監督当局は、監督業種に係るマネロン・テロ資金供与リスクについて基本的な理解を有しており、それは主に国のリスク評価の結論に基づいている。一般的に、監督当局は、リスクベースでのAML/CFT監督を行っていない。いくつかのDNFBPsの監督当局は、AML/CFTの部分を含む一般的な義務の履行管理を行っている。いくつかの法令は、監督対象である事業者に対して、AML/CFTの実施に関する年次報告書の提出を求めている。監督対象である事業者に対する罰則の適用は非常に限られており、主に、年次報告書を提出しないことに対して行われている（36）。

・公証人が新しく設立される会社の実質的支配者情報をチェックするようにする等、実質的支配者情報を確実に利用可能にするためにいくつかの重要な措置を講じている。しかし、これらの措置はまだ完全には実施してお

らず、金融機関、暗号資産交換業者、DNFBPsによる監督や予防的措置の適用に不備があるため、全ての事案で適切かつ正確な実質的支配者情報が利用できるわけではない（38）。

【第4次対日相互審査報告書概要：金融庁】
https://www.mof.go.jp/policy/international_policy/convention/fatf/20210830.pdf

　その上で、職業専門家に関連する主なものとしては、次のように取り組むべき課題を指摘された。

●職業専門家に関連する主な指摘

・金融機関、暗号資産交換業者、DNFBPsがAML/CFTに係る義務を理解し、適時かつ効果的な方法でこれらの義務を導入・実施するようにする。これらにおいては、事業者ごとのリスク評価の導入・実施、リスクベースでの継続的な顧客管理、取引のモニタリング、資産凍結措置の実施、実質的支配者情報の収集と保持を優先する（同報告書概要の「優先して取り組むべき行動」のa）。

・リスクベースでのAML/CFT監督を強化する。これには、特定事業者において実施されている予防的措置の評価のためのオフサイト・モニタリングとオンサイト検査の組み合わせについて、その頻度及び包括性を強化することや、金融機関、DNFBPs、暗号資産交換業者による義務

第1章 | 令和4年の法改正の概要と、その経緯、背景

　　履行における肯定的な効果を確保するために、抑止力の
　　ある行政処分と是正措置が適用されることを含む（f）。
・リスク評価の方法を引き続き改善し、マネロン・テロ資
　金供与リスクのより包括的な理解を促進する。これに
　は、クロスボーダー・リスクや、法人・法的取極めに関
　連するリスクに特に焦点を当てることを含む（j）。
・法人及び法的取極めに関する基本情報や実質的支配者情
　報が、日本の規制・監督・捜査の枠組みの一部として確
　立されるようにすることを確保する（k）。
　【第4次対日相互審査報告書概要：金融庁】
　　前出サイト

2　マネロン・テロ資金供与・拡散金融対策に関する行動計画

　第4次対日相互審査報告を受けて日本政府は、令和3年
（2021年）8月19日にマネロン・テロ資金供与・拡散金融対策
政策会議を設置し、令和3年（2021年）8月30日、「マネロン・
テロ資金供与・拡散金融対策に関する行動計画」を発表した。
　ここでは、職業専門家との関連における「監督ガイドライン
策定・リスクベースの監督強化」「職業専門家に対するリスク
評価・顧客管理強化等（継続的顧客管理及び厳格な顧客管理措置、
疑わしい取引の届出の質の向上）」「実質的支配者情報の透明性向
上（既存顧客の実質的支配者情報を確認するなど、実質的支配者に

関する情報源を強化）」「職業専門家の顧客管理の実施（職業専門家に実質的支配者情報の確認を含む顧客管理義務の対象とすることを検討し、所要の措置）」などを含み、次のとおり、実現のための具体的期限を定めた。

●マネロン・テロ資金供与・拡散金融対策に関する行動計画（抜粋）

1. マネロン・テロ資金供与・拡散金融に係るリスク認識・協調				
	項 目	行動内容	期 限	担当府省庁等
(1)	国のリスク評価書の刷新	マネロン、テロ資金供与及び拡散金融に対する理解を向上させるため、リスク評価手法の改善等によって、国のリスク評価書である犯罪収益移転危険度調査書を刷新する。	令和3年末	警察庁、財務省、金融庁、法務省、外務省、その他関係省庁
(2)	マネロン・テロ資金供与・拡散金融対策政策会議の設置	「マネロン・テロ資金供与・拡散金融対策政策会議」を設置し、マネロン、テロ資金供与及び拡散金融対策に係る国の政策を策定・推進する。	実施中	警察庁、財務省、金融庁、法務省、外務省、内閣官房、その他関係省庁
(3)	国の政策策定	刷新された犯罪収益移転危険度調査書に基づき、マネロン、テロ資金供与及び拡散金融対策に係る国の政策を策定する。	令和4年春	警察庁、財務省、金融庁、法務省、外務省、内閣官房、その他関係省庁
2. 金融機関及び暗号資産交換業者によるマネロン・テロ資金供与・拡散金融対策及び監督				
	項 目	行動内容	期 限	担当府省庁等
(1)	マネロン・テロ資金供与・拡散金融対策の監督強化	マネロン・テロ資金供与・拡散金融対策に関する監督当局間の連携の強化、適切な監督態勢を整備するほか、リスクベースでの検査監督等を強化する。	令和4年秋	金融庁、その他金融機関監督官庁
(2)	金融機関等のリスク理解向上とリスク評価の実施	マネロン・テロ資金供与対策に関する監督ガイドラインを更新・策定するとともに、マネロン・テロ資金供与・拡散金融対策に係る義務の周知徹底を図る	令和4年秋	金融庁、その他金融機関監督官庁

	項　目	行動内容	期　限	担当府省庁等
		ことで、金融機関等のリスク理解を向上させ、適切なリスク評価を実施させる。		
(3)	金融機関等による継続的顧客管理の完全実施	取引モニタリングの強化を図るとともに、期限を設定して、継続的顧客管理などリスクベースでのマネロン・テロ資金供与・拡散金融対策の強化を図る。	令和6年春	金融庁、その他金融機関監督官庁
(4)	取引モニタリングの共同システムの実用化	取引時確認、顧客管理の強化及び平準化の観点から、取引スクリーニング、取引モニタリングの共同システムの実用化を図るとともに、政府広報も活用して国民の理解を促進する。	令和6年春	金融庁

3．特定非金融業者及び職業専門家によるマネロン・テロ資金供与・拡散金融対策及び監督

	項　目	行動内容	期　限	担当府省庁等
(1)	監督ガイドライン策定・リスクベースの監督強化	マネロン・テロ資金供与対策に関する監督ガイドラインを更新・策定するとともに、適切な監督態勢を整備するほか、リスクベースでの検査監督を強化する。	令和4年秋	警察庁、特定非金融業者及び職業専門家所管行政庁
(2)	特定非金融業者及び職業専門家に対するリスク評価・顧客管理強化等	マネロン・テロ資金供与対策義務に関する周知徹底を図り、リスク理解を向上させる。この他、マネロン・テロ資金供与対策の強化の一環として、継続的顧客管理及び厳格な顧客管理措置、疑わしい取引の届出の質の向上に取り組む。	令和4年秋	警察庁、特定非金融業者及び職業専門家所管行政庁

4．法人、信託の悪用防止

	項　目	行動内容	期　限	担当府省庁等
(1)	法人・信託の悪用防止	法人及び信託がマネロン・テロ資金供与に悪用されることを防ぐため、法人及び信託に関する適切なリスク評価を実施し、リスクの理解を向上させる。	令和4年春	法務省、警察庁
(2)	実質的支配者情報の透明性向上	全ての特定事業者が、期限を設定して、既存顧客の実質的支配者情報を確認するなど、実質的支配者に関する情報源を強化す	令和6年春	法務省、警察庁、特定事業者所管行政庁

		る。		
		株式会社の申出により、商業登記所が実質的支配者情報を保管し、その旨を証明する制度を今年度中に開始するとともに、実質的支配者情報を一元的に管理する仕組みの構築に向け、関係省庁が連携して利用の促進等の取組みを進める。	令和4年秋	
(3)	民事信託・外国信託に関する実質的支配者情報の利用・正確性確保	信託会社に設定・管理されていない民事信託及び外国信託に関する実質的支配者情報を利用可能とし、その正確性を確保するための方策を検討し、実施する。	令和4年秋	法務省、その他関係省庁
(4)	法人・信託に関するガイダンス作成	都道府県警や国税庁等の法執行機関向けに、法人及び信託の実質的支配者情報に適時にアクセスするためのガイダンスを作成する。	令和4年秋	警察庁、財務省及びその他関係省庁
(5)	特定非金融業者及び職業専門家の顧客管理の実施	全ての特定非金融業者及び職業専門家に実質的支配者情報の確認を含む顧客管理義務の対象とすることを検討し、所要の措置を講じる。	令和4年秋	警察庁、特定非金融業者及び職業専門家所管行政庁

【財務省】

https://www.mof.go.jp/policy/international_policy/
councils/aml_cft_policy/20240417.pdf

さらに、「行動計画」は、令和6年4月17日に「2024－2026年度版」が決定された。

3 マネロン・テロ資金供与・拡散金融対策の推進に関する基本方針

令和4年（2022年）5月、「マネロン・テロ資金供与・拡散

金融対策の推進に関する基本方針」が決定された（マネロン・テロ資金供与・拡散金融対策政策会議同月19日決定）。この基本方針では、「国民の安全・安心の確保」「経済活動の健全な発展」「「開かれた国際金融センター」の実現」の3項目について、我が国のマネロン・テロ資金供与・拡散金融対策の強化により実現に寄与するとしている。また、「リスクベース・アプローチの徹底」「新技術への速やかな対応」「国際的な協調・連携の強化」「関係省庁間や官民の連携強化」を取り組むべき四つの柱として、我が国を取り巻くリスクを低減し、マネロン・テロ資金供与・拡散金融対策を強化していくことと記述されている。

基本方針では、その具体的な対策として、次のように記載されている。

● 基本方針の概要（抜粋）

〈マネロン・テロ資金供与・拡散金融対策の推進に関する基本方針の概要⑤〉

5．具体的な対策

（1）リスク分析の更なる深化

- 「政策会議」を通じた関係省庁間の連携を一層図り、民間事業者との意見交換や国内外の情報の収集・分析を通じ、マネロン等に係るリスクの分析を更に深める。
- 拡散金融のリスク評価を実施し、資産凍結措置の実効性向上を図る。

（2）金融機関等の監督の強化等

- 2024年3月末までに、金融機関等が適切な態勢を整備できるよう、リスクベースでの検査監督を強化するための態勢整備を行う。
- マネロン等対策が必要な業態への制度の導入や、暗号資産交換業者の送金時の通知義務の導入に向けた措置を講じる。

(3) **DNFBPs（特定非金融業者及び職業専門家）の監督の強化等**

- すべてのDNFBPsを顧客管理義務の対象とするために必要な措置を検討・実施する。
- 事業者向けのガイドラインの整備を行い、リスクベースのモニタリングを行うための体制強化を図る。

(4) **非営利団体の悪用防止**

- 非営利団体（NPO）がテロ資金供与に悪用されないよう、リスク評価を行い、リスクベースでモニタリングを実施する。
- 高リスク地域で活動するNPOに対し、テロ資金供与リスクとテロ資金供与対策の好事例に関する周知を行う。

(5) **法人及び信託の透明性向上**

- 法人の実質的支配者情報の一元的な把握を可能とする枠組みに関する制度整備に向けた検討を進める。
- 民事信託、外国信託についての実質的支配者情報を利用可能とし、その正確性を確保するための方策を検討し、実施する。

(6) **法執行機関による取締り強化**

- 暴力団が絡むマネロン等の取締りの徹底、外国との取引に着目したマネロン等対策を推進する。
- マネロン罪の法定刑引上げに関する必要な立案作業の推進。
- 犯罪収益のはく奪、財産回復の推進を図る。

(7) **経済制裁の実施強化**

- 24時間以内の制裁発動を含め、関係省庁連携の枠組みを強化し、テロや拡散金融に関わる者への資産凍結を的確に実施する。
- 安保理決議に基づく措置の執行強化や資産凍結措置の範囲の明確化、所要の法整備について検討・推進。
- 経済制裁の実効性向上に向けた所要の措置を検討・実施する。

(8) **国内外の情勢変化を踏まえた政策の不断の見直し**

- リスク評価の変化に応じた「基本方針」の改訂。
- 国際的な議論への対応を速やかに行う（実質的支配者情報の透明性向上、財産回復のキャパシティ向上、DXの活用）。

【財務省】

[概要] https://www.mof.go.jp/policy/international_policy/
councils/aml_cft_policy/20220519_2.pdf

[全文] https://www.mof.go.jp/policy/international_policy/

councils/aml_cft_policy/20220519_1.pdf

4　FATF勧告対応法

(1)　FATF勧告対応法による一括改正

　前記１のとおり、FATF第４次対日審査報告書において、マ
ネロン対策等の強化などのため、我が国は、その法改正に取り
組むべきであるとの勧告を受けたことなどを踏まえ、いわゆる
FATF勧告対応法が制定された。

　FATF勧告対応法は、令和４年12月９日法律第97号「国際的
な不正資金等の移動等に対処するための国際連合安全保障理事
会決議第千二百六十七号等を踏まえ我が国が実施する国際テロ
リストの財産の凍結等に関する特別措置法等の一部を改正する
法律」であり、この法律により、主なものとしては、犯罪収益
移転防止法を含む次の法律が一括して改正された。

●FATF勧告対応法により一括改正された主な法律

①　平成26年11月27日法律第124号「国際連合安全保障理
　　事会決議第千二百六十七号等を踏まえ我が国が実施する
　　財産の凍結等に関する特別措置法（制定題名：国際連合
　　安全保障理事会決議第千二百六十七号等を踏まえ我が国が実
　　施する国際テロリストの財産の凍結等に関する特別措置法)」
　　（国際テロリスト財産凍結法）

② 昭和24年12月１日法律第228号「外国為替及び外国貿易法（制定題名：外国為替及び外国貿易管理法）」（外為法）

③ 「組織的な犯罪の処罰及び犯罪収益の規制等に関する法律」（組織的犯罪処罰法）

④ 「国際的な協力の下に規制薬物に係る不正行為を助長する行為等の防止を図るための麻薬及び向精神薬取締法等の特例等に関する法律」（麻薬特例法）

⑤ 「公衆等脅迫目的の犯罪行為のための資金等の提供等の処罰に関する法律」（テロ資金提供処罰法）

⑥ 「犯罪による収益の移転防止に関する法律」（犯罪収益移転防止法）

⑵ 国際テロリスト財産凍結法の改正

　この法律は、国際連合安全保障理事会決議が、国際的なテロリズムの行為を非難した上で、国際連合の全ての加盟国に対し、当該行為の防止・抑止のための行為を実行し、支援する者（国際テロリスト）の財産の凍結等の措置を採ることを求めていること、特定の国や地域による大量破壊兵器等の開発等に関する計画等に関与し、当該計画等の支援等を行う者（大量破壊兵器関連計画等関係者）の財産の凍結等の措置を採ることを求めていることを踏まえ、我が国が実施する財産の凍結等の措置について必要な事項を定めることにより、外為による措置とあいまって、我が国が国際的なテロリズムの行為と大量破壊兵器等の開発等を防止し、抑止するための国際社会の取組みに積極的

かつ主体的に寄与することで我が国を含む国際社会の平和及び安全に対する脅威の除去に資することを目的としている。

FATF勧告対応法による改正後の国際テロリスト財産凍結法によって、新たに、大量破壊兵器関連計画等関係者が財産の凍結等の対象として追加された。

⑶　外為法の改正

外為法は、外国為替、外国貿易その他の対外取引が自由に行われることを基本とし、対外取引に対し必要最小限の管理又は調整を行うことにより、対外取引の正常な発展と我が国や国際社会の平和と安全の維持を期し、もって国際収支の均衡と通貨の安定を図るとともに我が国経済の健全な発展に寄与することを目的としている。

FATF勧告対応法による改正後の外為法によって、新たに、財務大臣の許可を受ける義務が課されている資本取引規制の対象に電子決済手段に関する取引が追加され、電子決済手段等取引業者に資産凍結措置に係る確認義務等が課されることとなった。また、金融機関等に、外国為替取引等取扱業者遵守基準に従って資産凍結措置を適切に実施する態勢整備義務が課せられた。

⑷　組織的犯罪処罰法、麻薬特例法、テロ資金提供処罰法の改正

FATF勧告対応法に基づいて改正された組織的犯罪処罰法、麻薬特例法、テロ資金提供処罰法によって、マネー・ローンダリング罪の法定刑が引き上げられ、犯罪収益等として没収する

こととなる財産が拡大され、各処罰規定の構成要件が拡充されるなどした（令和 4 年12月29日施行）。

⑸ 犯罪収益移転防止法の改正

FATF勧告対応法では、犯罪収益移転防止法も改正されたが、これは司法書士の実務に多大な影響を及ぼす大改正である。

この改正によって、司法書士などの特定事業者には、取引時確認の際における確認事項が本人特定事項のほかに、新たに、取引を行う目的、職業と事業の内容や実質的支配者の本人特定事項が加えられたこともあり、国民に対する周知に関することなど、次のとおり、FATF勧告対応法について国会で附帯決議が決議された。

●附帯決議

令和 4 年11月24日
参議院内閣委員会

国際的な不正資金等の移動等に対処するための国際連合安全保障理事会決議第千二百六十七号等を踏まえ我が国が実施する国際テロリストの財産の凍結等に関する特別措置法等の一部を改正する法律案に対する附帯決議

政府は、本法の施行に当たり、次の諸点について適切な措置を講ずるべきである。
一　司法書士等、行政書士等、公認会計士等及び税理士等

に対し、新たに取引時の確認事項として、取引を行う目的、職業又は事業の内容及び実質的支配者の本人特定事項が追加されることから、円滑に取引時確認が行われるよう、法改正の内容を国民に対して十分に周知・広報し、実効的なマネー・ローンダリング対策等の実現に万全を期すること。

二　金融機関等において旧姓等本名と異なる名義により開設された口座がマネー・ローンダリング等に悪用される懸念があることを踏まえ、マネー・ローンダリング対策等を適切に講ずる観点から、必要な対応を検討すること。

右決議する。

⑹　施　行　日

　FATF勧告対応法の施行日は、同法の附則で次のとおり定められている。

●附則（施行期日）

（施行期日）

第一条　この法律は、公布の日から起算して九月を超えない範囲内において政令で定める日から施行する。ただし、次の各号に掲げる規定は、当該各号に定める日から施行する。

一　第一条中国際連合安全保障理事会決議第千二百六十七号等を踏まえ我が国が実施する国際テロリストの財産の凍結等に関する特別措置法第四条第一項第二号イの改正規定、第三条から第五条までの規定及び第六条中犯罪による収益の移転防止に関する法律第十三条第一項の改正規定並びに附則第六条、第七条、第九条、第十条及び第十五条（刑法等の一部を改正する法律の施行に伴う関係法律の整理等に関する法律（令和四年法律第六十八号）第三条第十二号の改正規定に限る。）の規定
　　公布の日から起算して二十日を経過した日
二　第二条中外国為替及び外国貿易法の目次の改正規定、同法第十七条の二第一項の改正規定、同法第十八条第四項の改正規定、同法第二十二条の三の改正規定、同法第六章の二の次に一章を加える改正規定、同法第七十一条第十二号を同条第十三号とする改正規定、同条第十一号を同条第十二号とする改正規定、同条第十号を同条第十一号とする改正規定及び同条第九号の次に一号を加える改正規定（附則第三条において「外国為替及び外国貿易法の目次等の改正規定」という。）並びに第六条中犯罪による収益の移転防止に関する法律第四条の改正規定、同法第七条第二項の改正規定、同法第八条の改正規定、同法第十二条の改正規定、同法第十八条の改正規定（「第三項」を「第四項」に改める部分に限る。）及び同法別表の改正規定（附則第八条第一項において「犯罪収益移転防止法第四条等の改正規

定」という。）並びに附則第四条、第五条、第八条及び
第十四条の規定　公布の日から起算して一年六月を超
えない範囲内において政令で定める日

　これにより、FATF勧告対応法によって改正される各改正法
律は、公布の日（令和4年12月9日）から起算して9月を超え
ない範囲内において政令で定める日から施行されたが、司法書
士の実務に大きな影響を与える犯罪収益移転防止法の改正につ
いては、公布の日から起算して1年6月を超えない範囲内にお
いて政令で定める日（令和6年4月1日）から施行された。

第 **2** 章

司法書士に関連する
犯罪収益移転防止法の主な改正事項

第 1 　確認事項の追加

1 　概　　要

　令和 4 年の改正によって、犯罪収益移転防止法のうち、司法書士に大きな影響のある同法 4 条が改正された。これにより、司法書士等（犯罪収益移転防止法 2 条 2 項46号）、行政書士等（犯罪収益移転防止法 2 条 2 項47号）、公認会計士等（犯罪収益移転防止法 2 条 2 項48号）、税理士等（犯罪収益移転防止法 2 条 2 項49号）に対し、取引時確認において、顧客等の（代表者等の）本人特定事項の確認に加えて、新たに取引時確認の際、取引を行う目的、職業と事業の内容、法人である顧客等の実質的支配者の本人特定事項の確認が義務付けられた。

　これに関し、改正後の条文は次のとおりである。

●犯罪収益移転防止法 4 条 1 項

（取引時確認等）

第四条　特定事業者（第二条第二項第四十五号に掲げる特定
　　事業者（第十二条において「弁護士等」という。）を除く。
　　以下同じ。）は、顧客等との間で、別表の上欄に掲げる特
　　定事業者の区分に応じそれぞれ同表の中欄に定める業務
　　（以下「特定業務」という。）のうち同表の下欄に定める取

引（次項第二号において「特定取引」といい、同項前段に規定する取引に該当するものを除く。）を行うに際しては、主務省令で定める方法により、当該顧客等について、<u>次に掲げる事項</u>の確認を行わなければならない。

一　本人特定事項（自然人にあっては氏名、住居（本邦内に住居を有しない外国人で政令で定めるものにあっては、主務省令で定める事項）及び生年月日をいい、法人にあっては名称及び本店又は主たる事務所の所在地をいう。以下同じ。）

二　取引を行う目的

三　当該顧客等が自然人である場合にあっては職業、当該顧客等が法人である場合にあっては事業の内容

四　当該顧客等が法人である場合において、その事業経営を実質的に支配することが可能となる関係にあるものとして主務省令で定める者があるときにあっては、その者の本人特定事項

※下線は筆者挿入

　この下線部分の改正前は「<u>次の各号（第二条第二項第四十六号から第四十九号までに掲げる特定事業者にあっては、第一号）</u>に掲げる事項（※波下線は筆者挿入）」であり、特定事業者は、同法4条1項1号から4号の事項を全て確認しなければならないところ、2条2項46号から49号までに掲げる特定事業者、つまり、司法書士等（司法書士と司法書士法人とを総称する（犯罪収益移転防止法2条2項46号）。以下、単に司法書士という）、行政

書士等、公認会計士等、税理士等にあっては、同法 4 条 1 項 1
号の事項だけ確認すれば足り、同項 2 号から 4 号の事項を確認
する義務はなかったことを意味した。

　それが、令和 4 年の改正で、波線部分が削られたことで、司
法書士等、行政書士等、公認会計士等、税理士等であっても、
その他の特定事業者と同様に、同法 4 条 1 項 1 号から 4 号の事
項を全て確認しなければならないとされたのである。

　これらの事項は、その取引が犯罪収益移転等に関わるもので
はないか、マネー・ローンダリング等に関するリスクを特定、
評価する上で最も基礎的かつ重要な情報となるもので、他の情
報とあいまって、各司法書士がマネロン対策を実行するために
必要不可欠なものといえよう。法改正の前にあっても、個々の
依頼者、依頼の業務のリスクに応じた対策というリスクベー
ス・アプローチ（リスクに応じて、その特定を行い、評価し、提
言措置を講じること）の考え方によれば、リスクに応じて入手
すべき情報であったところ、法改正後は義務として特定取引等
の際には確認することで、より一層リスクの特定、評価、そし
て低減に資するものとなろう。

2　取引を行う目的

(1)　「取引を行う目的」とは

　令和 4 年の法改正で、司法書士にも犯罪収益移転防止法 4 条
1 項 2 号の事項、つまり、当該顧客等について、新たに、取引

を行う目的を確認する義務が生じた。

　ここで、取引を行う目的とは、その取引によって達成したい事柄をいい（JAFIC「犯罪収益移転防止法の概要　令和6年4月1日時点」28頁。以下「【概要】」という）、司法書士へ依頼する目的にとどまらず、その依頼の基となった行為、例えば、売買による所有権移転登記手続の依頼であれば、その売買の目的を確認する。

　以下、その例を業務ごとに挙げてみるが、例えば、「居住用」「買い換え」などの取引を行う目的（取引の目的）として確認するべき項目は、法令で定められているものではなく、各司法書士が特定事業者として定める必要があり、全ての司法書士が同一の項目を用いることが求められているわけでもない。なお、資料として日本司法書士会連合会（以下「日司連」という）が策定したチェックシートを後掲（【参考資料Ⅳ】）するが、その項目も参考にしながら、各事務所の業務の内容等も踏まえて、申告の項目について、どの程度詳しく設定するか、どのような分類にするかなど（金融機関の場合には、「取引を行う目的」の分類としては、例えば預貯金契約の締結の場合には、「生活費決済」「貯蓄」「投資」等が該当するとされている（警察庁共管各省庁「「犯罪による収益の移転防止に関する法律の一部を改正する法律の施行に伴う関係政令の整備等及び経過措置に関する政令案（仮称）」等に対する意見の募集（パブリックコメント）結果について」（平成24年3月）（以下「【平24パ】」という）No.38））、最終的には個々の司法書士が工夫して定めることとなる。

43

a　不動産登記の業務

例えば、売主では、「融資返済資金の調達」「住み替え資金の調達」「事業資金の捻出」「生活資金の確保」など、買主では、「居住用」「事業用」「賃貸用」「別荘・セカンドハウス」「転売用」「投資用」などが考えられる（☞【参考資料Ⅳ】［不動産登記に関する業務］）。

b　商業・法人登記の業務

例えば、会社設立では「創業」「法人成り」「業務拡大」「子会社の設立（分社化）」など、会社再編（組織変更、合併、会社分割など）では「業務拡大」「業務縮小」「事業承継」「経営の合理化」「グループ再編」「M&A」など、定款の変更では「業務拡大」「業務縮小」「経営の合理化」など、役員の選任等では「業務拡大」「事業承継」「任期満了による改選」「役員の補充」などが考えられる（☞【参考資料Ⅳ】［商業・法人登記に関する業務］）。

c　財産管理の業務

例えば、「遺産承継」「身上保護・任意後見」「不動産の管理」などが考えられ、そのほか、「信託」なども考えられる（☞【参考資料Ⅳ】［財産管理に関する業務］）。

⑵　「取引を行う目的」の確認の方法

取引を行う目的の確認の方法は、犯罪収益移転防止法施行規則9条で定められている。それは、特定取引の際、ハイリスク取引の際に、「当該顧客等又はその代表者等から申告を受ける方法」である。簡単にいえば、聴き取りを行って、取引を行う

目的を確認するということである。つまり、当該顧客である依頼者本人から聴き取り、代表者等による取引である場合には、当該代表者等である代理人などから聴き取ることになる。ここで、代表者等による取引とは、特定事業者との間で現に特定取引等（特定取引及びハイリスク取引の総称）の任に当たっている自然人が当該顧客等と異なるときにおける取引をいう。その場合、現に特定取引等の任に当たっている自然人を代表者等といい（犯罪収益移転防止法4条6項、4項）、典型的な例は、会社を依頼者とする依頼における当該代表者や担当者、自然人を依頼者とする依頼において成年後見人や任意代理人などが現に依頼の任に当たる（後出6(1)参照）。

そこで、取引つまり依頼の都度、司法書士は、取引を行う目的を聴き取ることになり、現に、取引を行う目的を尋ねて、回答を聴き取ることで差し支えない。ただ、申告を受ける方法に制限はなく、口頭で聴取する方法のほか、電子メール、FAX等を用いる方法、書面の提出を受ける方法、チェックリストのチェックを受ける方法（特定事業者があらかじめ分類した目的から顧客が選択するという方法）等が含まれる（【平24パ】No.37）。この場合、複数の目的を選択することも差し支えない（【平24パ】No.39）。金融機関など他の特定事業者のように、通常、司法書士もチェックシート（【参考資料Ⅳ】）によって申告を受ける方法が簡便であろうと思われるが、あるいは事前の情報によって司法書士が記載したものを依頼者から現に確認を得ることで申告を受けることなど、最終的には個々の司法書士が工夫して申告を受けることになる。

いずれにしても、司法書士は、当該顧客等やその代表者等から取引を行う目的の申告を受けなければならず、推認して足りるものではない。ただ、取引にかかる契約の内容から取引を行う目的が明らかである取引も想定されるところ、そのようなものについては、取引を行ったことをもって、取引を行う目的の確認も行ったものと評価できると考えられている（【平24パ】No.40）。

(3) 「取引を行う目的」に関する記録

　取引を行う目的を確認することで、確認記録の記録事項も追加された。確認記録は、従来、司法書士にとっては本人特定事項の確認に関する記録であり、いわゆる本人確認記録であったが、法改正後は追加の確認事項に関する事項も記録しなければならないことから、本人確認記録から、正に確認記録となったことを意味している。

　そこで、確認記録には、申告を受けて確認した取引を行う目的を記録し、併せて、その確認を行った日付を記録することとなる（犯罪収益移転防止法施行規則20条１項14号）。この日付は、通常、本人特定事項の確認の日と同じになると思われるが、取引時確認は当該取引において合理的な期間内に完了する必要があるところ、本人特定事項の確認と取引を行う目的などの確認を異なる日に確認したときは、各々確認した日付を記録することになる。

　いずれにしても、司法書士は、取引を行う目的を、当該顧客等又はその代表者等から申告を受けて確認しなければならず、

推認に基づいて記録をすることは許されない。

前述した「チェックシート」などをもって申告を受けた場合は、チェックシートそのものやその写しを確認記録として保存（他の記録と一体的に保管、記録）することも考えられよう。

3　職業又は事業の内容

(1)　「職業又は事業の内容」とは

令和 4 年の法改正で、司法書士にも犯罪収益移転防止法 4 条 1 項 3 号の事項、つまり、当該顧客等について、新たに、職業や事業の内容を確認する義務が生じた。当該顧客が自然人である場合にあっては職業、当該顧客等が法人である場合にあっては事業の内容の確認をしなければならない。

ここで、職業とは自然人については日常従事する仕事等、事業の内容とは法人・団体については営利・非営利を問わずその目的を達成するためになされる行為全般をいう（【概要】29頁）。

職業又は事業の内容を、具体的にどのような項目により確認するかについては、取引を行う目的の項で述べたことと同様に、法令で定めはなく、最終的には各司法書士が判断することになり、全ての司法書士が同一の項目を用いることが求められているわけでもない。なお、資料として日司連が策定したチェックシートを後掲（【参考資料Ⅳ】）するが、その項目も参考にしながら、各事務所の業務の内容等も踏まえて、申告の項目について、どの程度詳しく設定するか、どのような分類にす

47

るかなど、最終的には個々の司法書士が工夫して定めることとなる。したがって、以下ａ、ｂに挙げるものは、あくまでも参考例である。

　なお、当該顧客等について職業又は事業の内容を確認するに当たって、それが代表者等による取引である場合であっても、当該代表者の職業を確認することは求められていない。

　ａ　職　　業

　顧客等が自然人である場合の職業の分類としては、例えば「会社員」「公務員」「医師」「学生」「無職」等が考えられ（【平24パ】No.43）、複数の職業を有している者（例えば会社員兼学生）については、それらの職業全てについて確認をする必要がある。ただし、一の職業を確認した場合において、他の職業を有していないかについて積極的に確認することまで求めるものではないと考えられている（【平24パ】No.44）。また、その他の分類として、「会社役員」「団体役員」「団体職員」「自営業」などを加えることも考えられる。

　職業の内容としては、勤務先の名称や、役職までは含まれず（【平24パ】No.42）、確認事項はあくまで「職業」とされているため、勤務先の名称等から職業が明らかである場合を除き、勤務先の名称等の確認をもって職業の確認に代えることはできない（【平24パ】No.45）。

　ｂ　事業の内容

　顧客等が法人・団体である場合の事業の内容の分類としては、例えば、「製造業」「建設業」「金融業」等が考えられ（【平24パ】No.46）、法人が複数の事業を営んでいる場合には、それ

らの事業全てについて確認する必要があるものの、ただし、営んでいる事業が多数である場合等は、取引に関連する主たる事業のみを確認することも認められ、また、法人の主たる事業が取引に関連しない場合には、基本的には取引に関連する事業を確認することが想定されている（【平24パ】No.47）。

(2) 職業や事業の内容の確認の方法

職業や事業の内容の確認の方法は、犯罪収益移転防止法施行規則10条で定められている。特定取引の際、ハイリスク取引の際に、申告を受ける方法などが、顧客の区分に応じて次のとおり定められている。

a 自然人又は人格のない社団若しくは財団である顧客等

当該顧客が自然人や人格のない社団、財団である場合は、同規則10条1号で確認の方法が定められている。それは、当該顧客等やその代表者等から申告を受ける方法であり、「申告を受ける」とは取引を行う目的の場合（前出2）と同様であり（【平24パ】No.41）、チェックシートなどについても同様である。

まず、当該顧客等が自然人である場合は、当該顧客等やその代表者等から申告を受ける方法によって、その職業を確認する。

また、当該顧客等が人格のない社団や財団である場合は、当該顧客等の代表者等から申告を受ける方法によって、その事業の内容を確認する。

通常、司法書士もチェックシート（【参考資料Ⅳ】）によって申告を受ける方法が簡便であろうと思われるが、あるいは事前

の情報によって司法書士が記載したものを依頼者から現に確認を得ることで申告を受けるなど、最終的には個々の司法書士が工夫して申告を受けることになる。

　b　法人である顧客等

　当該顧客が法人（次のcに掲げる者を除く。以下、この項において同じ）である場合は、同規則10条2号で確認の方法が定められている。当該法人の次の書類のいずれかやその写しを確認する方法によって当該法人の事業の内容を確認しなければならず、申告を受ける方法によることはできない。そして、「確認する方法」としては、顧客等、代表者等その他の関係者から提示又は送付を受ける方法のほか、特定事業者において書類を入手・閲覧する方法が含まれる（【平24パ】No.50）。

●法人である顧客等の事業の内容を確認するための書類

　イ　定款（これに相当するものを含む。）

　ロ　イに掲げるもののほか、法令の規定により当該法人が作成することとされている書類で、当該法人の事業の内容の記載があるもの

　ハ　当該法人の設立の登記に係る登記事項証明書（当該法人が設立の登記をしていないときは、当該法人を所轄する行政機関の長の当該法人の事業の内容を証する書類）（特定事業者が確認する日前6月以内に作成されたものに限る。）

　二　ハに掲げるもののほか、官公庁から発行され、又は発給された書類その他これに類するもので、当該法人の事

業の内容の記載があるもの（有効期間又は有効期限のない

ものは特定事業者が確認する日前6月以内に作成されたもの

に限る。有効期間又は有効期限のあるものは特定事業者が確

認する日において有効なものに限る。）

　上記イの定款については、一般に、定款は原本証明等がされ

ていないところ、原本の写しであることを証明する法人の代表

者等の印がないものであっても、原本と同一の内容であると認

められることを前提に、事業の内容を確認するための書類とし

て認められる（【平24パ】No.51）。

　上記ロの書類には、「有価証券報告書」や、法令により所管

官庁に提出することとされている事業報告書等（【平24パ】

No.52)、株主総会の招集の通知に際して提供される事業報告

(事業報告として内容が確定したもの）が該当する（【平24パ】

No.53)。

　上記ハの登記事項証明書により事業の内容を確認する際に

は、「会社の目的」欄に記載されているものを確認することと

なり、この場合、主たる事業のみを確認することも認められる

(【平24パ】No.48)。また、事業の内容の確認に用いる登記事項

証明書は、本人特定事項の確認に用いたものでも差し支えな

く、さらに、同じ登記事項証明書により実質的支配者（当該法

人を代表する権限を有している者（後出「4⒅　その他の実質支

配者」参照））の有無について確認することも認められている

(【平24パ】No.49)。

　上記ニに関して、法人が特定の事業を行うに当たり発行され

た証明書も該当するが、当該事業が取引と関連がないものである場合や、取引に関連する主たる事業でない場合には、別の書類により確認を行う必要がある（【平24パ】No.54）。上記二の書類は、官公庁が発行したものであると認められる限り、発行した官公庁の印がない書類も含まれ（【平24パ】No.55）、また、EDINET（金融庁が運営する「金融商品取引法に基づく有価証券報告書等の開示書類に関する電子開示システム」）等によって開示されているこれらの書類の電子データも含まれる（【平24パ】No.56）。

なお、登記事項証明書について、法務省提供のオンライン登記情報提供制度により確認する方法も、また、同様の外国の政府等が提供する公的なウェブサイトにおける情報を確認する方法も認められるが、その方法が事業の内容を確認する方法として認められるためには、そのような官公庁等が提供するウェブサイトの情報の確認が、官公庁等が発行した書類の確認と同視できるものである必要があり（【平24パ】No.57）、当該法人のウェブサイトや会社案内等は含まれない（【平24パ】No.12）。

c　外国に本店や主たる事務所を有する法人である顧客等

当該顧客が外国に本店又は主たる事務所を有する法人である場合は、同規則10条3号で確認の方法が定められている。当該法人の次の書類のいずれか又はその写しを確認する方法によって当該法人の事業の内容を確認しなければならず、申告を受ける方法によることはできない。

●外国に本店又は主たる事務所を有する法人である顧客等の事業の内容を確認するための書類

① 前出bの表のイ〜ニ
② イ　外国の法令により当該法人が作成することとされている書類で、当該法人の事業の内容の記載があるもの

　　ロ　日本国政府の承認した外国政府又は権限ある国際機関の発行した書類その他これに類するもので、当該法人の事業の内容の記載があるもの（有効期間又は有効期限のあるものにあっては特定事業者が確認する日において有効なものに、その他のものにあっては特定事業者が確認する日前6月以内に作成されたものに限る。）

　上記②イに関して、外国法人の事業の内容を確認するに際し、外国の法令に基づき作成されたディスクロージャー資料により確認する方法も認められる（【平24パ】No.58）。上記②ロの「日本国政府の承認した外国政府」には日本国政府の承認した外国の政府・地方政府等が、「権限ある国際機関」には国際連合、国際通貨基金、世界銀行等が該当し、これらについて個別具体的に確認する必要がある場合には、関係行政機関に問い合わせることも想定される（【平24パ】No.59）。

⑶ 職業や事業の内容に関する記録

　職業や事業の内容を確認することで、確認記録の記録事項も追加された。確認記録には、申告を受けるなどして確認した職業又は事業の内容を記録し、併せて、その確認を行った日付を記録することとなる(犯罪収益移転防止法施行規則20条1項14号)。この日付は、本人特定事項の確認と異なる日になる場合もあり得る。また、顧客等の職業や事業の内容、顧客等が法人である場合にあっては事業の内容の確認を行った方法と書類の名称その他の当該書類を特定するに足りる事項も記録しなければならない（同規則20条1項23号）。

　いずれにしても、司法書士は、職業や事業の内容を、前出(⑵　職業や事業の内容の確認の方法)の方法をもって確認しなければならず、推認に基づいて記録をすることは許されない。

　前述した「チェックシート」などをもって申告を受けた場合は、チェックシートそのものやその写し、事業の内容を確認した登記事項証明書等そのものやその写しを確認記録として保存（他の記録と一体的に保管、記録）することも考えられよう。

4　実質的支配者の本人特定事項

⑴　「実質的支配者の本人特定事項」を確認する場面

　令和4年の法改正で、司法書士にも犯罪収益移転防止法4条1項4号の事項、つまり、当該顧客等（司法書士にとっては、

依頼者）について、新たに、実質的支配者の本人特定事項も確認する義務が生じた。ただ、取引を行う目的、職業又は事業の内容のように、取引時確認の際には常に確認しなければならないものではない。実質的支配者の本人特定事項は、当該顧客等が法人である場合における取引時確認の際に限られる。

これにより、議決権その他によって当該法人を支配する自然人（最終的な所有者（警察庁共管各省庁「「犯罪による収益の移転防止に関する法律の一部を改正する法律の施行に伴う関係政令の整備等に関する政令案」等に対する意見の募集（パブリックコメント）結果について」（平成27年9月）（以下「【平27パ】」という）No.95））にまで遡って確認することとなる。なお、最終的に利益を受ける者については、その範囲の確定が困難であること、当該者について確認を求めることは顧客等や特定事業者の過度の負担となり得ること等を踏まえ、実質的支配者には含まれないとされている（【平24パ】No.13）。

法人を依頼者とする依頼において実質的支配者を確認することは、リスクベース・アプローチに基づいたマネー・ローンダリング等対策の基礎となるものである。

なお、特定事業者が、Ａ社について取引時確認を行った後、次に、Ａ社を実質的支配者とするＢ社について取引時確認を行う際にはＢ社について実質的支配者Ａ社を確認する必要がある（【平24パ】No.74）。

⑵ 「実質的支配者の本人特定事項」とは

改正法によって、実質的支配者の本人特定事項を確認するこ

とになるが、これは、実質的支配者を確認し、その本人特定事項を確認することを意味する。そこで、まず、実質的支配者とは、その（法人である顧客等の）事業経営を実質的に支配することが可能となる関係にあるものとして主務省令で定める者（法4条1項4号）をいう。

例えば、株式会社にあって、その総株式の過半数（総議決権の過半数）を保有する自然人が一人存する場合は、当該自然人が唯一人の実質的支配者となる。実質的支配者に該当する自然人は、犯罪収益移転防止法施行規則11条2項で、以下のとおり、法人ごとの区分によってそれぞれ定められているが、その区分は、顧客等が資本多数決法人であるか否か、また、その場合の議決権の取扱いが重要な要素となっている。

実質的支配者は当然に変動する可能性があるが、基本的には取引の時点での実質的支配者の該当性を判断することとなり、合理的な範囲で近接した時点（例えば、直近の株主総会開催時）での状況により判断することも認められ（【平24パ】No.66）、また、実質的支配者に該当する自然人が複数いる場合には、その全てが実質的支配者に該当する（【概要】30頁）。

(3) **資本多数決法人とは**

資本多数決法人とは、株式会社、投資法人（投資信託及び投資法人に関する法律2条12項）、特定目的会社（資産の流動化に関する法律2条3項）などの法人で、その法人の議決権が当該議決権に係る株式の保有数又は当該株式の総数に対する当該株式の保有数の割合に応じて与えられる法人をいう（犯罪収益移転

防止法施行規則11条 2 項 1 号）。株式会社（当然、特例有限会社も対象となる）が資本多数決法人の典型例であるが、その他の法人も、株式の保有数・割合に応じてその議決権が与えられる法人であれば、資本多数決法人に該当する。

「株式の保有割合」により議決権が付与される法人としては、例えば、建物の区分所有等に関する法律に基づく管理組合法人が想定されている（犯罪収益移転防止制度研究会編著『全訂版 逐条解説　犯罪収益移転防止法』（東京法令出版、2023年）（以下「【逐条】」という）307頁）。

なお、定款の定めにより当該法人に該当することとなる法人は資本多数決法人から除かれるが、これは、「基本的には多数決の原則を採ってないものの、定款等において議決権の在り方を変更することにより資本多数決の原則に従い議決権を配分する法人が想定されるところ、そのような法人は、資本多数決法人以外の法人に該当することを明らかにするものである」（【逐条】308頁）と考えられている。

⑷　資本多数決法人の実質的支配者

株式会社、投資法人、特定目的会社などの資本多数決法人の実質的支配者に該当する自然人については、次のように定められている。

資本多数決法人にあっては、まず、次の自然人が実質的支配者に該当する（犯罪収益移転防止法施行規則11条 2 項 1 号）。

57

●資本多数決法人の実質的支配者（原則）

その議決権の総数の4分の1を超える議決権を直接又は間接に有していると認められる自然人

その議決権の総数の4分の1を超える議決権を直接又は間接に有していると認められる自然人がいるときは当該自然人は全て実質的支配者となる。そのため、その実質的支配者が一人の場合もあれば、二人以上である場合もある。

・これに該当する自然人が一人もいない場合⇒後出「4⒁　当該法人の事業活動に支配的な影響力を有すると認められる自然人」参照

・議決権を間接に有することが間接保有⇒後出「4⑾　間接保有とは」参照

⑸　「その議決権の総数の4分の1を超える議決権を直接又は間接に有している」とは

犯罪収益移転防止法施行規則11条2項において、実質的支配者とは、「その議決権の総数の四分の一を超える議決権を直接又は間接に有していると認められる自然人（同項1号：下線は筆者。以下同様）」と規定されているが、その「有している」ことを確定させた上でではなく、「認められる」自然人が実質的支配者として該当することを意味している。これは、取引時確認の時点においては確定していない場合があることから、規定されたものである（【平27パ】No.113）。

58

同項 2 号（後出 4 ⑭参照）「当該法人の事業活動に支配的な影響力を有すると認められる自然人」、同項 3 号イ（後出 4 ⑰ⓐ参照）「収益又は当該事業に係る財産の総額の四分の一を超える収益の配当又は財産の分配を受ける権利を有していると認められる自然人」、同項 3 号ロ（後出 4 ⑰ⓑ参照）「当該法人の事業活動に支配的な影響力を有すると認められる自然人」の「認められる」も同様の趣旨である。

この「4 分の 1」の要件は、資本多数決法人に一律に適用され、定款等の定めにより定足数等を変更している法人であっても「4 分の 1」の要件が適用される（【逐条】308頁）。

⑹　議決権の総数の50％超を有する自然人がいる場合

その議決権の総数の 4 分の 1 を超える議決権を直接又は間接に有していると認められる自然人がいるときは当該自然人は全て実質的支配者となることが原則である。ただし、他の自然人が当該資本多数決法人の議決権の総数の 2 分の 1 を超える議決権を直接又は間接に有している場合は、その自然人は実質的支配者とはならない。つまり、当該資本多数決法人の議決権の総数の 2 分の 1 を超える議決権を直接又は間接に有している自然人（二人はいない）がいる場合には、この自然人のみが実質的支配者に該当する（AとBが50％ずつを保有するときは、両者が実質的支配者に該当する）。

例えば、Aが議決権の25％超を保有する自然人であったとしても、他に議決権の50％超を保有する自然人Bが存在する場合は、Aは25％超の議決権を保有していても実質的支配者に該当

せず、この場合、議決権の50％超を保有するＢのみが実質的支配者に該当することとなる（【概要】30頁）。

以上は、原則として４分の１を超える議決権を有する者を実質的支配者としているところ、２分の１を超える議決権を有する者がいる場合には、当該者により法人の運営が左右されることとなることから、それ以外に４分の１を超える議決権を有する者がいたとしても、当該者については、実質的支配者に含まれないという趣旨である（【平24パ】No.70）。

⑺ 事業経営を実質的に支配する意思又は能力を有していないことが明らかである場合

その議決権の総数の４分の１を超える議決権を直接又は間接に有していると認められる自然人がいるときであっても、その自然人が当該資本多数決法人の事業経営を実質的に支配する意思や能力を有していないことが明らかな場合には、当該自然人は実質的支配者には該当しない（犯罪収益移転防止法施行規則11条２項１号、３号イ）。なお、定款認証の際の公証人に対する実質的支配者（犯罪収益移転防止法４条１項４号と同じ）の申告に当たっての記述ではあるが、日本司法書士会連合会商業登記・企業法務対策部「公証人法施行規則の一部改正等に関するQ&A」（平成30年11月22日）（以下「【公証人QA】」という）では、事業経営を実質的に支配する意思又は能力を有していないことが明らかな場合について、次の考え方が示されている。

●【公証人QA】

【公証人QA】23

　発起人が株式会社であり、当該株式会社の議決権の過半数を有する大株主が成年被後見人である場合で、その成年後見人が司法書士であるときは、当該成年被後見人については「事業経営を実質的に支配する意思又は能力を有していないことが明らかな場合」に該当しないことがあり得ると考えられるが、個別具体的事案ごとに判断し、当該者が「事業経営を実質的に支配する意思又は能力を有していないことが明らかな場合」に該当する場合には、成年後見人である司法書士についても同様であると考えられる。

【公証人QA】24

　発起人が法人であって、当該法人の議決権の50％超に当たる株式に民事信託が設定されている場合、指図権者の指定がある場合には、当該指図権者が実質的支配者に該当し得ると考えられるが、信託行為での定め方（議決権行使指図人や、議決権行使について同意権を有する者の定め等）により単純ではなく、議決権の観点から見るだけではなく、委託者、受託者、受益者、指図人など関係者全員を含めての個別具体的事案ごとの検討が必要になると思われ、「担当公証人と相談してください。」とある。

【公証人QA】25

　実質的支配者の要件に該当する者が未成年者である場合には、意思能力を有しないと考えられる年齢であれば、

「株式会社の事業経営を実質的に支配する意思又は能力が
ないことが明らかな場合」に該当するが、意思能力を有す
ると判断される年齢以上であれば、ケース・バイ・ケース
で判断することになる。

【公証人QA】26

発起人が2人（出資比率は51％、49％）で、2人とも未成
年者（19歳と16歳）(注)である場合、年齢から判断すると、
51％を出資する未成年者が実質的支配者に該当することに
なりそうであるが、同人が「事業経営を実質的に支配する
意思又は能力を有していないことが明らかな場合」であっ
て、例えばその父親が「出資、融資、取引その他の関係を
通じて当該法人の事業活動に支配的な影響力を有している
と認められる自然人」に該当するときは、当該未成年者の
父親が実質的支配者となる。

（注）令和4年4月1日から、成年年齢は18歳となった。

事業経営を支配する意思や能力を有しないことが明らかな場
合は、議決権の25％超を有する自然人の主観的要素だけでな
く、法人との関係性等の客観的要素（当該者の属性や当該者と
顧客等との関係性等の客観的要素）も踏まえた上で、社会通念上
合理的に判断するものとされている（【概要】30頁、【平27パ】
No.98）。

そのため、当該自然人が役員等に該当しない場合であって
も、主要株主等の立場を利用して事業経営を実質的に支配する
ことは可能と考えられることから（【平27パ】No.99）、役員等に

該当しないことのみをもって事業経営を実質的に支配する意思や能力を有していないとはいえない。

　当該資本多数決法人の事業経営を実質的に支配する意思や能力を有していないことが明らかな場合とは、例えば、次の場合が考えられている。

● **事業経営を実質的に支配する意思や能力を有していないことが明らかな場合の例示**

信託を通じて法人の議決権を有する者のうち、純投資目的で利用していることが明らかである場合（【平27パ】No.96）
信託銀行が信託勘定を通じて4分の1を超える議決権等を有する場合（【平27パ】No.97）
4分の1を超える議決権等を有する者が病気等により支配意思を欠く場合（【平27パ】No.97）
4分の1を超える議決権等を有する者が、名義上の保有者に過ぎず、他に株式取得資金の拠出者等がいて、当該議決権等を有している者に議決権行使に係る決定権等がないような場合（【平27パ】No.97）

　そのほか、例えば、夫、妻、子が3分の1ずつ株式を保有している場合において、その実質は、夫が社長として全部出資しており、妻と子には事業経営を実質的に支配する意思又は能力がないことが明らかとなる場合、夫のみが実質的支配者に該当

することとなる（法務省ウェブサイト「実質的支配者リスト制度Q&A」（以下「【法務省QA】」という）1-12）。

なお、50％超の議決権を有する自然人Aが事業経営を実質的に支配する意思又は能力を有していない者であったときは、25％超の議決権を有する自然人Bは実質的支配者にはならない（当該法人の事業活動に支配的な影響力を有すると認められる自然人の実質的支配者に該当する可能性はある）（【法務省QA】1-13）。これは、資本多数決法人Xにおいて、2分の1を超える議決権を有する自然人Aと、4分の1を超える議決権を有する自然人Bがいる場合で、AがXの事業経営を実質的に支配する意思や能力を欠いているという場合、Aを初めから存在しなかったものとして、犯罪収益移転防止法施行規則11条2項1号に基づきBを実質的支配者とするのではなく、Xを支配する意思や能力に欠けるAが2分の1を超える議決権を有することをもって、Bは同号による判定の対象外となり、同項2号（当該法人の事業活動に支配的な影響力を有すると認められる自然人）、4号（その他の実質的支配者）の順で判定していくことによる（この場合、Bは、同規則11条2項2号に該当する者となる可能性がある）（【平27パ】No.107）。

⑻　実質的支配者に該当するか否かの判断の基礎となる議決権

実質的支配者に該当するか否かの判断の基礎となる資本多数決法人の議決権とは、つまり、その判断の基礎となる議決権の割合を計算する際に分母と分子に算入する議決権のことであり、以下のとおり、その取扱いが定められている。

ここで、議決権とは、通常の議決権、つまり、株主総会において行使することができる議決権をいうが、行使することができないとされる議決権であっても、会社法308条１項や、その他、その規定に準ずる会社法以外の法令（外国の法令も含まれる）の規定により行使することができないとされる議決権は、実質的支配者に該当するか否かの判断の基礎となる資本多数決法人の議決権に含まれる。会社法308条１項では、株主総会において、その有する株式一株につき一個の議決権を有する株主から、株式会社がその総株主の議決権の４分の１以上を有することその他の事由を通じて株式会社がその経営を実質的に支配することが可能な関係にあるものとして法務省令で定める株主は除かれている。この場合の議決権は、実質的支配者に該当するか否かの判断の基礎となる資本多数決法人の議決権に含まれる。ここで、実質的に支配することが可能な関係にあるものとして法務省令（会社法施行規則67条１項（実質的に支配することが可能となる関係））で定める株主とは、例えば、甲株式会社が乙株式会社の総議決権の４分の１以上を保有する場合において乙株式会社が甲株式会社の株主であったとき、甲株式会社の株主としての乙株式会社をいい、会社法では乙株式会社は甲株式会社の株主総会において議決権を行使することができない。しかし、このような議決権は実質的支配者に該当するか否かの判断の基礎となる資本多数決法人の議決権に含まれる。

⑼ 議決権の行使について制限されている株式に係る議決権の取扱い

　次の議決権は、実質的支配者に該当するか否かの判断の基礎となる資本多数決法人の議決権から除かれている。それは、会計監査人を除く役員等（取締役、会計参与、監査役、執行役）の選任に関する議案と定款の変更に関する議案（これらの議案に相当するものも含まれる）の全部について株主総会（株主総会に相当するものも含まれる）において議決権を行使することができない株式（実質的支配者に該当するか否かの判断の基礎となる資本多数決法人の議決権に関しては、株式に相当するものも含まれる）に係る議決権であり、これらの議決権は、実質的支配者に該当するか否かの判断の基礎となる資本多数決法人の議決権から除かれる。つまり、それら役員の選任と定款の変更の双方の議決権が制限されている株式等は、実質的支配者の該当性に当たっては、分母と分子の双方から除かれる（【平24パ】No.67）。

　実質的支配者に該当するか否かの判断の基礎となる資本多数決法人の議決権については、株式会社の場合、通常の議決権を行使することができる株式をもって判定すること、つまり、その判定に含まれる場合には総議決権数と保有する議決権数に算入し（分母、分子に算入する）、含まれない場合には総議決権数と保有する議決権数に算入しない（分母、分子に算入しない）。個別には、その種類について、次のとおり考えられている。

●議決権の制限と実質的支配者に該当するか否かの判断の基礎

株式の種類	議決権への算入、不算入
相互保有株式（株式会社がその総株主の議決権の4分の1以上を有することその他の事由を通じて株式会社がその経営を実質的に支配することが可能な関係にあるものとして法務省令で定める株主にかかる株式）（会社法308条1項）	会社法308条1項では、相互保有株式の株主は、当該株式会社の株主総会において議決権を有しないが、実質的支配者の判定に関しては、議決権に算入される（犯罪収益移転防止法施行規則11条2項1号）。
取締役、会計参与、監査役又は執行役の選任及び定款変更に関する議案（これに相当するものを含む）の全部につき株主総会で議決権を行使することができない株式	実質的支配者の判定に関しては、議決権に算入されない（犯罪収益移転防止法施行規則11条2項1号）。
自己株式（会社法308条2項）	会社法308条2項で、自己株式については議決権は有しないことから、実質的支配者の判定に関して、議決権に算入されない（【法務省QA】1-7）。
完全無議決権株式	実質的支配者の判定に関して、議決権に算入されない（【法務省QA】1-15）。
法定種類株主総会においてのみ定款変更の議決権を有する株式	「役員等の選任及び定款の変更に関する議案の全部につき株主総会で議決権を行使することができない株式」に含まれる（【平24パ】No.68）。
株主間の契約により役員選任・定款変更の議決について議決権を行使しないとされている株式	算入される（「役員等の選任及び定款の変更に関する議案の全部につき株主総会で議決権を行使することができない株式」には含まれない（【平24パ】No.69））。

その他、定款認証の際の公証人に対する実質的支配者（犯罪収益移転防止法4条1項4号と同じ）の申告に当たっての記述では、「発起人である株式会社の議決権の過半数を有する大株主が死亡した直後で、いまだ遺産分割が行われず相続された株式が共有名義になっている場合には、当該共有者全員が実質的支配者に該当することになると考えられるが、「個別具体的事案について、担当公証人と相談してください」」とある（【公証人QA】22）が、この場合、犯罪収益移転防止法施行規則11条2項1号に定める実質的支配者はいないと判断される場合もあり得ると考える。

⑽　拒否権付株式（いわゆる黄金株式）の取扱い

拒否権付株式（いわゆる黄金株式）を保有している株主であっても、それだけで直ちに実質的支配者に該当するものではなく、まず、その議決権の総数の4分の1を超える議決権を直接又は間接に有していると認められる自然人（資本多数決法人の実質的支配者）であるか否かが判断の基準となる。

そのため、拒否権付株式を保有している株主であっても、議決権の割合が25％以下であるときは実質的支配者には該当しないが、黄金株を有する者は、犯罪収益移転防止法施行規則11条2項2号の実質的支配者（当該法人の事業活動に支配的な影響力を有すると認められる自然人）に該当する可能性はある（【法務省QA】1－14）。

⑾　間接保有とは

　法人の実質的支配者は、議決権その他によって当該法人を支配する自然人にまで遡って確認することとなり、「顧客等である法人と自然人との間に複数の法人が介在する場合であっても、当該顧客等である法人の実質的支配者を自然人まで遡って確認すること」（【逐条】308頁）と考えられている。

　資本多数決法人の実質的支配者を判断する場合の第１の基準となる「その議決権の総数の４分の１を超える議決権（２分の１を超える議決権も）」は（資本多数決法人の実質的支配者）、直接に有するものだけでなく、間接に有するものも包含して判定することとなる。例えば、顧客等である甲株式会社の議決権（通常の株式）を自然人Ａと乙株式会社が保有している場合に、Ａが乙株式会社の株式も議決権を保有しているときは、前者のＡが直接に保有する甲株式会社の議決権と、後者のＡが乙株式会社を通して間接に保有する甲株式会社の議決権の両者を合算して、議決権の総数の４分の１を超えるか否かを判定する。

　そこで、その場合において、当該自然人が当該資本多数決法人の議決権の総数の４分の１（２分の１）を超える議決権を直接又は間接に有するかどうかの判定は、次の@の割合と⒝の割合を合計した割合により行うものとされている（犯罪収益移転防止法施行規則11条３項）。

●**議決権を直接又は間接に有するかどうかの判定のために合計する割合**

ⓐ	ⓑ
当該自然人が有する当該資本多数決法人の議決権が当該資本多数決法人の議決権の総数に占める割合	当該自然人の支配法人が有する当該資本多数決法人の議決権が当該資本多数決法人の議決権の総数に占める割合

　ⓐの割合は直接保有の割合であり、例えば、甲株式会社の議決権の総数が100個で、株主である自然人Ａが保有する議決権が30個であるとすると、この割合は30％となる。

　ⓑの割合は間接保有の割合であるが、ここで、支配法人とは、当該自然人がその議決権の総数の2分の1を超える議決権を有する法人をいう。そして、この割合は、その支配法人が有する当該資本多数決法人の議決権が当該資本多数決法人の議決権の総数に占める割合となり、例えば、甲株式会社の議決権の総数が100個で、株主である乙株式会社が保有する議決権が30個である場合に、自然人Ａが乙株式会社（議決権の総数50個）の議決権30個を保有しているとすると、この間接保有の割合は30％となる。あくまでも支配法人がある場合について間接保有であるとされることから、支配法人でない場合、例えば、前出の例で、自然人Ａが乙株式会社（議決権の総数50個）の議決権20個を保有している場合には、ⓑの割合はない（0％）こととなる。なお、当該自然人とその一つか二つ以上の支配法人や当該自然人の一つや二つ以上の支配法人が議決権の総数の2分の1を超える議決権を有する他の法人は、当該自然人の支配法人

とみなされるため（犯罪収益移転防止法施行規則11条3項2号括弧書)、間接保有には、間接の間接に保有する状態をも包含する。当該自然人と当該法人の間に1か2以上の、いわゆる「出資関連法人」が介在している場合である(【逐条】312頁)。

● 議決権を直接又は間接に有するかどうかの判定（法務省ウェブサイト「実質的支配者リスト制度の創設（令和4年1月31日運用開始)」3　対象となる実質的支配者）

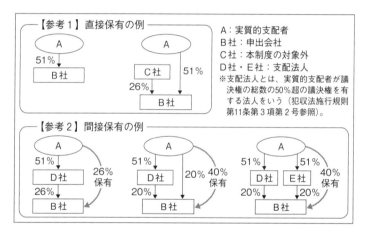

　この図は実質的支配者リスト制度に関するものではあるが、【参考1】の左の例も右の例も、Aが顧客等であるB社の株式の過半数を直接保有する場合であり、AのみがB社の実質的支配者に該当する。【参考2】の左の例はAはB社の株主であるD社の株式の過半数を有することからAにとってD社は支配法人に該当し、そのためD社のB社に対する議決権割合である26％がAのB社に対する間接保有の割合26％となり、したがって、AはB社の実質的支配者に該当する（他に実質的支配者が

存在することはあり得る。また、他に50％超を有する自然人が存在する場合にはＡは実質的支配者に該当しない。以下同様）。中の例は同様に、ＡにとってＤ社は支配法人に該当し、そのためＤ社のＢ社に対する議決権割合である20％がＡのＢ社に対する間接保有の割合20％となり、加えて、ＡはＢ社の株式の20％を直接保有していることから、Ａはそれらの合計40％の割合をもってＢ社の実質的支配者に該当する。右の例は同様に、ＡにとってＤ社もＥ社も支配法人に該当し、そのためＤ社のＢ社に対する議決権割合である20％がＡのＢ社に対する間接保有の割合20％となり、加えて、Ｅ社のＢ社に対する議決権割合である20％もＡのＢ社に対する間接保有の割合20％となり、Ａはそれらの合計40％の割合をもってＢ社の実質的支配者に該当する。また、種々の株式構成の例を筆者が想定し、それぞれ犯罪収益移転防止法施行規則11条２項１号の実質的支配者への該当性を検討したものを、表にして【参考資料Ⅴ】として後掲している。実質的支配者の本人特定事項の申告を受ける際、その検討にあたって参考としていただきたい。

　なお、支配法人から、外国会社が除かれているわけではない（【法務省QA】１－19）。

　犯罪収益移転防止法施行規則11条３項が、「前項第一号の場合において、当該自然人が当該資本多数決法人の議決権の総数の四分の一又は二分の一を超える議決権を直接又は間接に有するかどうかの判定」としていることから、間接保有は、顧客等が資本多数決法人である場合にのみ成立する。

⑿　間接保有における支配法人とは

　議決権の間接保有が成立する場合の支配法人とは、当該自然人（実質的支配者となるべき自然人）がその議決権の総数の2分の1を超える議決権を有する法人をいう。つまり、自然人Aが、B社の50％を超える議決権を保有しており、B社は特定事業者の顧客等であるC社の25％を超える議決権を保有している場合は、AはC社の実質的支配者に該当し、他方、自然人Aが、B社の50％を超える議決権を保有しており、B社は特定事業者の顧客等であるC社の議決権の20％を保有している場合は、AはC社の実質的支配者に該当しない（【平27パ】No.104の①②）。例えば、50％ずつ議決権付株式を保有する法人が存在する場合において、当該法人の議決権を有する者が全て自然人であっても、当該法人の50％超の議決権を有しないことから当該法人は支配法人には該当せず、当該自然人は実質的支配者には当たらない（【法務省QA】1−16）（この事例について、後出「4⒂　顧客等である株式会社に大口の債権者等がいる場合」参照）。

　直接保有と間接保有が併存する例としては、自然人Aが、特定事業者の顧客等であるC社の議決権の20％を直接保有し、更にAが、C社の議決権の20％を保有するB社の50％を超える議決権を保有している場合は、議決権の直接保有部分と間接保有部分を合算すると40％となるためAはC社の実質的支配者には該当し、また、自然人Aが、B社、D社、E社の50％を超える議決権をそれぞれ保有し、B社、D社、E社は、特定事業者の顧客等であるC社の議決権をそれぞれ20％保有している場合、

Ｂ社、Ｄ社、Ｅ社を通してＡが間接的に保有する議決権割合が60％となるため、ＡはＣ社の実質的支配者に該当する（【平27パ】No.104の③④）。これらのことから、資本多数決法人において、単独で４分の１を超える議決権を有する者がいない場合であっても、株主の中に法人が含まれる場合には、その間接保有分を確定するために、原則として当該法人株主の全てについて、これらを支配法人とする自然人の有無を確認する必要があることになる（【平27パ】No.105）。

　間接保有、つまり支配法人を介した議決権の保有については以上のとおりであるが、それは、ある自然人が法人の２分の１を超える議決権を有する場合、その保有割合が50％を超える以上、その割合を問わず、当該自然人は、役員の選任・解任の権限を通して、当該法人が保有する他の法人の議決権を事実上行使できることとなるため、自然人が支配法人に対して有する持分と、当該支配法人が法人顧客に対して有する持分を乗じて計算して保有割合を算出することは適当ではないとの考えに基づくものである。例えば、ある自然人が支配法人Ａに対し60％を保有し、当該支配法人Ａが法人顧客Ｘに対し10％を保有する一方、当該自然人が支配法人Ｂに対し70％を保有し、当該支配法人Ｂが法人顧客Ｘに対し20％を保有する場合、当該自然人が法人顧客Ｘに対しては10％と20％を合計した30％の保有となるのであり、当該自然人が支配法人Ａに対して有する60％に支配法人Ａが法人顧客Ｘに対して有する10％を乗じた６％、当該自然人が支配法人Ｂに対して有する70％に支配法人Ｂが法人顧客Ｘに対して有する20％を乗じた14％とし、これらを合計した20％

となるものではない（【平27パ】No.128）。

　支配法人について、自然人が2分の1を超える議決権を有する法人に限定した理由は、当該自然人がその法人の意思決定を支配して、当該法人の議決権を行使するためには、2分の1を超える議決権を有する必要があると考えられたためである（【平27パ】No.127）。

　そのほか、例えば、自然人Ａが持分会社Ｂの資本の50％超を出資し、Ｂが株式会社Ｃの議決権の50％超を保有している場合、Ｂは自然人とみなされるものに該当する場合（「4 ⒀　法人が実質的支配者に該当する特例」）を除き、実質的支配者には該当せず（Ｂが自然人とみなされた場合には、Ａに遡って、Ａが実質的支配者になることはない）、また、Ａ（Ｃの議決権の25％超を直接保有していないことを前提とする）についても、Ｂが支配法人（間接保有における支配法人とは）となる場合を除き、Ｃの議決権を間接保有していないため（持分会社は会社法に議決権に関する規定がなく、そのため、持分会社は支配法人には該当しないが（したがって、持分会社を介する間接保有はない）、定款の規定など一定の場合、支配法人に該当するという考え方もある）、実質的支配者には該当しないものの、Ａについては、その自然人がないときは出資、融資、取引その他の関係を通じて当該法人の事業活動に支配的な影響力を有すると認められる自然人（犯罪収益移転防止法施行規則11条2項2号）に該当すること（当該法人の事業活動に支配的な影響力を有すると認められる自然人）は考えられる（【法務省QA】1－18）。つまり、支配法人は議決権を前提とした法人（資本多数決法人）であることが要件とされ、例

えば、顧客等である法人の株主が法人であったとしても、株主である法人が資本多数決法人以外の法人であるときは、当該株主である法人は原則として支配法人には該当しないと考えられる。

また、取引時確認の際、法人株主を何代かにわたって遡る必要がある場合（「4⑾　間接保有とは」参照）、顧客等の中には、当該自然人の有無を承知しておらず、調査困難との回答が返ってくる可能性も十分に考えられるところ、4分の1を超える議決権を直接又は間接に有していると認められる自然人が確認できない場合には、同規則11条1項2号に定める自然人がいるときはその者を、いないときは同項4号（「4⒅　その他の実質的支配者」参照）に定める自然人を実質的支配者とすることとなる（【平27パ】No.106前段）。

⒀　法人が実質的支配者に該当する特例

顧客等である法人の実質的支配者は、自然人でなければ該当しない。例えば、顧客等である甲株式会社の株主が乙株式会社である場合は、乙株式会社は実質的支配者に該当することはなく、さらに乙株式会社の自然人である株主（間接保有）について（間接保有の間接保有の場合も同様）、前述したそれぞれの要件に従って実質的支配者であるか否かを判断する。

これが、国等とその子会社に関しては、実質的支配者の該当性については、次のとおり、特例（みなし規定）が設けられている。

●**犯罪収益移転防止法施行規則11条4項**

> 4　国等…（中略）…及びその子会社…（中略）…は、第
> 二項の規定の適用については、自然人とみなす。

　ここで、子会社とは、会社法2条3号に規定する子会社をいい、それは、会社がその総株主の議決権の過半数を有する株式会社その他の当該会社がその経営を支配している法人として法務省令で定めるものをいう（会社法2条3号）。この法務省令で定めるものは、会社法2条3号に規定する会社が他の会社等の財務及び事業の方針の決定を支配している場合における当該他の会社等とされている（会社法施行規則3条1項）。これにより、例えば、顧客等である甲株式会社の株主が乙株式会社である場合であっても、乙株式会社が国等（又は、その子会社）に当たる場合には、乙株式会社自体が自然人であるとみなされ、その結果、乙株式会社についての要件に従って実質的支配者であるか否かを判断し、該当するときは、乙株式会社は自然人ではないものの、実質的支配者に該当することとなる。

　ここでは、国等とは、次のものをいう。

●**国等に当たるもの**

・国 ・地方公共団体 ・人格のない社団や財団	犯罪収益移転防止法4条5項
・独立行政法人	犯罪収益移

77

・国や地方公共団体が資本金、基本金その他これらに準ずるものの2分の1以上を出資している法人 ・外国政府、外国の政府機関、外国の地方公共団体、外国の中央銀行や我が国が加盟している国際機関 ・勤労者財産形成貯蓄契約等を締結する勤労者 ・上場会社	転防止法施行令14条
（国等に準ずる主なもの） ・勤労者財産形成基金 ・存続厚生年金基金 ・国民年金基金 ・国民年金基金連合会 ・企業年金基金	犯罪収益移転防止法施行規則18条

　したがって、顧客等である法人の議決権を保有する国、地方公共団体、上場会社などがいる場合、それら自体を自然人であるとみなして実質的支配者の該当性を判断するものとなる。

　例えば、上場会社の子会社が、甲株式会社の議決権のある株式の50％超の株式を有する場合、当該子会社は甲株式会社の実質的支配者に該当し（【法務省QA】1－4）、上場会社やその子会社の100％子会社の場合、上場会社又はその子会社が100％子会社の実質的支配者に該当する（【法務省QA】1－5）。つまり、顧客等である法人の議決権等を保有する者が国等である場合、それ自身が実質的支配者に該当するときは、その国等の議決権を保有する自然人に遡って当該自然人が実質的支配者になることはなく、実質的支配者が法人である場合、その実質的支配者まで確認をする必要はないのである（【平24パ】No.64）。

　そのほか、顧客等である法人の50％を超える議決権割合を有する者が法人格を有しない社団である場合は、その社団は自然

人とみなされ、実質的支配者は当該法人格を有しない社団となる（【法務省QA】1 −20）。

なお、ここにおける解説は、法人である顧客等の実質的支配者に該当すべき者が国等である場合であって、国等が顧客等である場合（☞6）のことではないので注意していただきたい。

犯罪収益移転防止法施行規則11条4項が「第二項の規定の適用については、自然人とみなす」としていることから、この規定は、資本多数決法人にも資本多数決法人以外の法人にも適用がある。

⒁　当該法人の事業活動に支配的な影響力を有すると認められる自然人

その議決権の総数の4分の1を超える議決権を直接又は間接に有していると認められる自然人（資本多数決法人の実質的支配者）がいない資本多数決法人（【平27パ】No.102）である場合は、次の自然人が実質的支配者に該当する（犯罪収益移転防止法施行規則11条2項2号）。

●犯罪収益移転防止法施行規則11条2項2号（抜粋）

> 出資、融資、取引その他の関係を通じて当該法人の事業活動に支配的な影響力を有すると認められる自然人

資本多数決法人の実質的支配者については、まず、その議決権の総数の4分の1を超える議決権を直接又は間接に有してい

ると認められる自然人の存否を判断し、該当する自然人がいない場合に、次順位の実質的支配者として、出資、融資、取引その他の関係を通じて当該法人の事業活動に支配的な影響力を有すると認められる自然人の存否を判断することとなる。

⒂　顧客等である株式会社に大口の債権者等がいる場合

　資本多数決法人の実質的支配者は、まず、その議決権の総数の４分の１を超える議決権を直接又は間接に有していると認められる自然人が該当するが、その自然人がないときは出資、融資、取引その他の関係を通じて当該法人の事業活動に支配的な影響力を有すると認められる自然人（犯罪収益移転防止法施行規則11条２項２号）（同号の確認は、同項１号に該当する自然人がいない場合のみ確認をすることになる（【平27パ】No.103））が実質的支配者に該当する。例えば、法人の意思決定に支配的な影響力を有する大口債権者や取引先、法人の意思決定機関の構成員の過半を自社から派遣している上場企業、法人の代表権を有する者に対して何らかの手段により支配的な影響力を有している自然人が考えられる（【平27パ】No.100）。また、同規則11条２項１号（４分の１超の議決権を保有する自然人）や３号イ（４分の１超の収益等を受ける権利を有する自然人）に該当する自然人と同等の意思決定権限を有する者については、それぞれ同項２号と３号ロ（「４⒄　資本多数決法人以外の法人の実質的支配者」ⓑ参照）に該当する自然人に該当すると考えられている（【平27パ】No.109）。「支配的な影響力」については、意思決定権限の支配の程度を重視することとなる（【平27パ】No.114）。

前出（「4⑿　間接保有における支配法人とは」）の例では、当該自然人は、同規則11条 2 項 2 号（当該法人の事業活動に支配的な影響力を有すると認められる自然人）又は 4 号（その他の実質的支配者）に定める者が実質的支配者となる（【法務省QA】 1 －16、【平27パ】No.101）。

　また、例えば、50％を超える議決権付株式を保有する法人Ａと25％を超える議決権付株式を保有する自然人Ｂがいる場合において、Ａの議決権を有する者が全て自然人であり、その議決権のいずれもが50％以下である（Ａが支配法人に該当しない）ときは、自然人Ｂが実質的支配者となる（【法務省QA】 1 －17）。

　そのほか、例えば、自然人Ａが持分会社Ｂの資本の50％超を出資し、Ｂが株式会社Ｃの議決権の50％超を保有している場合、Ｂは自然人とみなされるものに該当する場合（法人が実質的支配者に該当する特例）を除き、実質的支配者には該当せず（Ｂが自然人とみなされた場合には、Ａに遡って、Ａが実質的支配者になることはない）、また、Ａ（Ｃの議決権の25％超を直接保有していないことを前提とする）についても、Ｂが支配法人（間接保有における支配法人とは）となる場合を除き、Ｃの議決権を間接保有していないため（持分会社は会社法に議決権に関する規定がなく、そのため、持分会社は支配法人には該当しないが（したがって、持分会社を介する間接保有はない）、定款の規定など一定の場合、支配法人に該当するという考え方もある）、実質的支配者には該当しないものの、Ａについては、その自然人がないときは出資、融資、取引その他の関係を通じて当該法人の事業活動に支配的な影響力を有すると認められる自然人（同規則11条 2

項 2 号）に該当すること（当該法人の事業活動に支配的な影響力を有すると認められる自然人）は考えられる（【法務省QA】1 −18）。

取引時確認の際、法人株主を何代かにわたって遡る必要がある場合（「4⑾　間接保有とは」参照）、顧客等の中には、当該自然人の有無を承知しておらず、調査困難との回答が返ってくる可能性も十分に考えられるところ、4 分の 1 を超える議決権を直接又は間接に有していると認められる自然人が確認できない場合には、同規則11条 1 項 2 号に定める自然人がいるときはその者を、いないときは同項 4 号（その他の実質的支配者）に定める自然人を実質的支配者とすることとなる（【平27パ】No.106前段）。

一般社団法人等の場合、その定款において、残余財産の帰属の定めが、例えば、「当法人の残余財産は、総会の決議により、次に掲げる者の全部又は一部に帰属させるものとする。一　国、二　○○県、三　独立行政法人○○、四　当法人と同様の目的を有する公益社団法人」とある場合のように、清算時の残余財産の帰属先について、国、地方公共団体等とする旨が定款に記載されていた場合であっても、国、地方公共団体等が、取引時確認の時点において、一般社団法人の事業経営を実質的に支配する意思や能力を有していなければ、実質的支配者には該当せず、犯罪収益移転防止法施行規則11条 2 項 3 号ロ（「4⒄　資本多数決法人以外の法人の実質的支配者」⑥）に該当する者がいればその者を、いない場合は同項 4 号に該当する者を実質的支配者として本人特定事項や顧客等との関係を確認することとなる（【平27パ】No.111）。これに該当する自然人が一人もいない場合

については、後出「4⒅　その他の実質的支配者」を参照。

⒃　資本多数決法人以外の法人

　資本多数決法人、つまり、株式会社など、その法人の議決権が当該議決権に係る株式の保有数や当該株式の総数に対する当該株式の保有数の割合に応じて与えられる法人（資本多数決法人）以外の法人をいう。

　そのため、資本多数決法人以外の法人には、一般社団・財団法人、学校法人、宗教法人、医療法人、社会福祉法人、特定非営利活動法人、持分会社（合名会社、合資会社及び合同会社）など（【平24パ】No.14、【平27パ】No.108）の法人が当たる。

　資本多数決法人と資本多数決法人以外の法人のいずれに該当するかについては、法人の性質から判断されるものであることから、本人特定事項や事業の内容の確認において用いた書類からいずれに該当するかが明らかとならない場合等に、顧客等の申告のみによることは認められず、特定事業者において確認する必要があると考えられている（【平24パ】No.63）。

⒄　資本多数決法人以外の法人の実質的支配者

　資本多数決法人以外の法人の実質的支配者には、次のⓐやⓑの自然人が該当する。

　ⓐでは、次の自然人が実質的支配者に該当する（犯罪収益移転防止法施行規則11条2項3号イ）。

●資本多数決法人以外の法人の実質的支配者

> 当該法人の事業から生ずる収益又は当該事業に係る財産の総額の4分の1を超える収益の配当又は財産の分配を受ける権利を有していると認められる自然人

　当該法人の事業から生ずる収益若しくは当該事業に係る財産の総額の2分の1を超える収益の配当若しくは財産の分配を受ける権利を有している他の自然人がある場合は、4分の1を超える収益の配当又は財産の分配を受ける権利を有していると認められる自然人は実質的支配者には該当しない。法人の収益総額の25％超の配当を受ける自然人であっても、他に法人の収益総額の50％超の配当を受ける自然人が存在する場合は、法人の収益総額の25％超の配当を受けていても、実質的支配者に該当せず、この場合、法人の収益総額の50％超の配当を受ける自然人が実質的支配者に該当することとなる（【概要】30頁）。

　なお、その収益総額の4分の1を超える配当を受ける自然人がいるときであっても、その自然人が法人の事業経営を実質的に支配する意思や能力を有していないことが明らかな場合には、当該自然人は実質的支配者には該当しない。

　ⓑでは、次の自然人が実質的支配者に該当する（犯罪収益移転防止法施行規則11条2項3号ロ）。

第2章 | 司法書士に関連する犯罪収益移転防止法の主な改正事項

● **資本多数決法人以外の法人の実質的支配者**

> 出資、融資、取引その他の関係を通じて当該法人の事業活動に支配的な影響力を有すると認められる自然人

　なお、資本多数決法人の実質的支配者については、まず、その議決権の総数の4分の1を超える議決権を直接又は間接に有していると認められる自然人（資本多数決法人の実質的支配者）の存否を判断し、該当する自然人がいない場合に、出資、融資、取引その他の関係を通じて当該法人の事業活動に支配的な影響力を有すると認められる自然人の存否を判断することとなる。しかし、資本多数決法人以外の法人の実質的支配者については、ⓐに該当する自然人がいない場合にのみⓑの判断をするものではなく、ⓐやⓑに該当する自然人がある場合に、当該自然人を実質的支配者と判断することとなるため、ⓐに該当する自然人と、ⓑに該当する自然人の両方が存する場合には、その両方が実質的支配者に該当する（【平27パ】No.115）。ⓐⓑに該当する自然人が一人もいない場合については、「4⒅　その他の実質的支配者」を参照。

　また、種々の収益・財産の配当・分配率の例を筆者が想定し、それぞれ犯罪収益移転防止法施行規則11条2項3号の実質的支配者への該当性を検討したものを、表にして【参考資料Ⅵ】として後掲している。実質的支配者の本人特定事項の申告を受ける際、その検討にあたって参考としていただきたい。

⒅　その他の実質的支配者

　資本多数決法人で犯罪収益移転防止法施行規則11条 2 項 1 号（資本多数決法人の実質的支配者）にも、同項 2 号（当該法人の事業活動に支配的な影響力を有すると認められる自然人）にも該当する自然人がいない場合、資本多数決法人以外の法人で同規則11条 2 項 3 号（資本多数決法人以外の法人の実質的支配者のうち上記ⓐやⓑ）に該当する自然人がいない場合、つまり、 4 分の 1 超の議決権・収益等を受ける権利を有する自然人も、当該法人の事業活動に支配的な影響力を有する自然人もいない場合は、資本多数決法人、資本多数決法人以外の法人ともに、次の自然人が実質的支配者に該当する（同規則11条 2 項 4 号）。

● その他の実質的支配者（最後順位）

> 当該法人を代表し、その業務を執行する自然人

　前出（「4 ⑿　間接保有における支配法人とは」）の例では、当該自然人は、犯罪収益移転防止法施行規則11条 2 項 2 号（資本多数決法人の実質的支配者）又は 4 号に定める者として実質的支配者となる（【法務省QA】 1 － 16）。

　 4 号の実質的支配者、すなわち、「当該法人を代表し、その業務を執行する自然人」とは、代表権のある者であって、その法人の業務を執行する者を指すことから、代表権を有さない取引担当者はこれに該当しない（【平27パ】No.117）。また、代表

第2章 ｜ 司法書士に関連する犯罪収益移転防止法の主な改正事項

取締役が実質的支配者となる場合であっても、例えば、病気等により業務を執行することができない者は、実質的支配者には該当しない（【平27パ】No.116の③）。基本的には、法人の代表取締役や代表理事等がこれに当たり、代表権を有している自然人であれば、その名称は問わないが、法人を代表する権限を有している者であっても、病気により長期療養中であるなどの事情により実際に業務を執行していない者は、これに該当しない（【平27パ】No.124）。また、合同会社の匿名組合員は、当該合同会社を代表する権限を有していない限りは、実質的支配者には当たらない（【平24パ】No.73）。なお、4号の実質的支配者については、1号～3号に定める自然人がいない場合に初めて、法人を代表し、業務を執行する自然人を実質的支配者とすることとなっており、安易に代表権のある取締役を実質的支配者とすることが許容されるものではない（【平27パ】No.119（FATF勧告の解釈ノートにおいても、支配的所有の権利を有する者等がいない場合には、上級管理職にある関連する自然人の身元確認及び照合のための合理的な措置を採るべきとされている））。ただ、取引時確認は、取引の性質等に応じて合理的な期間内に完了すべきであることから、取引の性質等に応じて、取引開始後、合理的な期間内で、実質的支配者の本人特定事項の確認を行うことが認められ、したがって、顧客等が1号に該当する者の有無やその本人特定事項を確認できる場合には、取引開始後において、その申告を受けることは可能であるものの、代表者等がしかるべき確認をしてもなお、資本関係が複雑であるなどやむを得ない理由により、1号に該当する自然人を判断できないような場合に

87

あっては、2号に該当する者がいるときはその者を、いないときは4号に該当する者を実質的支配者として申告することとなる（【平27パ】No.120、121）。例えば、顧客の代表者等が1号〜3号に定める自然人が確認できないと申告した場合に、その理由がやむを得ないと認められるものであれば、4号に定める自然人を実質的支配者とすることになる（【平27パ】No.122）。

　合同会社の場合、例えば、ある自然人がその支配下にある者を業務執行社員として合同会社を組成し、当該自然人が匿名組合員となるような場合に、当該自然人が実質的支配者となる可能性はあり、したがって、顧客が特定の投資スキームに用いられる法人であることのみを理由として、4号に定める者が実質的支配者となるわけではなく、個々のケースに応じて判断すべきと考えられている（【平27パ】No.123）。定款認証の際の公証人に対する実質的支配者（犯罪収益移転防止法4条1項4号と同じ）の申告に当たってではあるが、合同会社については、次のような考え方が示されている（【公証人QA】）。社員（自然人）が3名の合同会社が発起人であり、100％子会社を設立する場合には、その社員全員が実質的支配者になるのではなく、①出資、融資、取引その他の関係を通じて、設立する株式会社の事業活動に支配的な影響力を有する自然人がいる場合、当該自然人が実質的支配者に該当し、②①に該当する者がいない場合、設立する株式会社を代表し、その業務を執行する自然人となるべき者が実質的支配者に該当するが（【公証人QA】10−1）、定款に議決権を設ける定めがある合同会社の場合、例えば、社員3名のうちの1名に定款で50％超の議決権を与えている場合、

この合同会社は当該社員の「支配法人」ということになり、そして、当該社員が支配法人を通じて設立する株式会社の議決権を100%間接保有するということになり、当該自然人が設立する株式会社の実質的支配者ということになる（【公証人QA】10−2）。

顧客等である法人（資本多数決法人、司法多数決法人以外の法人）について、誰が、実質的支配者に該当するか、その第1順位から最後順位の要件を要約すると、後掲する【参考資料Ⅰ】の基本的なフローチャートで考えることができる。

これらにより基本的には、同規則同条同項4号が適用される以上、法人には全て実質的支配者がいることになり（【平24パ】No.71）、当該法人を代表する権限を有する者が複数いる場合には、全員が実質的支配者に当たり、全員の本人特定事項の確認が必要であるとされている（【平24パ】No.72）。

ただ、取引時に実質的支配者はない旨の回答を得ていた顧客等について、その後に実質的支配者があることが判明した場合、知った時点で当該者について改めて確認を行う義務はないものの、顧客等が継続的な契約の締結の際に実質的支配者の有無について偽っていたことが疑われる場合には、当該契約に「基づく取引」の際に、犯罪収益移転防止法4条2項の規定（ハイリスク取引）による確認を行う必要があり、判明した実質的支配者の有無等については、確認記録に付記するなどする必要があるとの考えもある（【平24パ】No.65）。

⑲ 「実質的支配者の本人特定事項」の確認の方法

　実質的支配者の本人特定事項の確認方法は、当該顧客等の代表者等から申告を受ける方法であると定められている（犯罪収益移転防止法施行規則11条1項）。つまり、特定事業者である司法書士は、当該顧客等の代表者等から、その実質的支配者の氏名、住居及び生年月日の申告を受けることになる。「申告を受ける方法」としては、「取引を行う目的」等の確認の方法と同様である（【平24パ】No.61）。

　確認の方法については、顧客等の代表者等の申告を受けることによるものであり、代表者等のアンケート回答を待っての対応でも足りる（【平27パ】No.110）。申告については、議決権の直接保有・間接保有の別を問わず、顧客等の代表者等は、自らの実質的支配者がいずれの者であるか、その事業活動を通じて知り得たあらゆる情報を基に判断し、代表者等がその実質的支配者の情報を申告することとなる（【平27パ】No.94）。実質的支配者の本人特定事項も、取引を行う目的や自然人の職業の申告を受けると同様に、チェックシート（【参考資料Ⅳ】）によって申告を受けることもできる。

　いずれにしても、口頭でも、電話でも、電子メールでも、書面でも手段は問わないものの、申告を受けなければならない。仮に、その実質的支配者の本人特定事項を司法書士が知っていると思っていたとしても、それだけでは当該事項を確認したとはいえず、その代表者等の申告（例えば、この内容で間違いないかを問い、間違いないとの回答を受けること）がなければならない。

実務においては、法人税申告書別表二「同族会社の判定に関する明細書」、株主名簿、有価証券報告書、実質的支配者情報一覧（いわゆる実質的支配者リスト）などの書類（写し）の提供を受けて確認（生年月日など不足する本人特定事項は別途、申告を受ける必要はある）することも有益、簡便であろうし（ハイリスク取引の場合については、「5⑵　ハイリスク取引の場合の確認の方法」ｄを参照）、リスクに応じてそれらの書類を確認することは望ましいといえよう。

なお、「申告を受ける方法」として、例えば特定事業者において有価証券報告書等の公表書類を確認する方法も認められている（【平24パ】No.62）。

⑳　実質的支配者からの本人確認書類の提示の要否

実質的支配者の本人特定事項は代表者等から申告を受けて確認し、それをもって足りる。そのため、依頼を受けた特定事業者である司法書士が、実質的支配者の本人特定事項について代表者等から申告を受けることは必要であるが、更に実質的支配者から本人確認書類の提示を受けたり（対面したり）、送付を受けたりするなど、自然人である顧客等の本人特定事項の確認と同様の確認を行うことまでは課せられていない（【平24パ】No.60）。また、代表者等から申告を受ける際も、実質的支配者の住民票や運転免許証の写しの提示を受けなければならないものではなく、また、当該法人の株主名簿などの提示を受けなければならないものでもない（もちろん、それらの提示等があることは有益である）。実質的支配者への該当性が当該法人の定款の

内容による場合であったとしても、代表者等の申告によって足り、特定事業者において定款の確認までをしなければならない趣旨ではない（【平27パ】No.110）。

ただ、特定事業者の知識、経験とその保有するデータベース等に照らして合理的でないと認められる者を実質的支配者として申告している場合には、正確な申告を促す必要はあると考えられている（【平27パ】No.112）。

また、犯罪収益移転防止法施行規則11条２項４号（その他の実質的支配者）の実質的支配者、すなわち「当該法人を代表し、その業務を執行する自然人」にあっては「認められる」との文言はないが、「業務を執行している」か否かも、法人（代表者等）の申告によるものとなる（【平27パ】No.118）。

㉑「実質的支配者の本人特定事項」に関する記録

実質的支配者の本人特定事項を確認した場合、確認記録の記録事項が追加された。確認記録には、申告を受けて確認した実質的支配者の本人特定事項（氏名、住居及び生年月日）を記録し（法人の代表者が実質的支配者に該当する場合も、その本人特定事項（氏名、住居及び生年月日）を記録しなければならない（【平27パ】No.126））、併せて、その確認を行った日付を記録することとなる（犯罪収益移転防止法施行規則20条１項14号）。この日付は、本人特定事項の確認と異なる日になる場合もあり得る。

また、当該実質的支配者と当該顧客等との関係並びにその確認を行った方法（当該確認に書類を用いた場合には、当該書類の名称その他の当該書類を特定するに足りる事項を含む）も記録す

ることになる（ただし、顧客等である法人が国等であるときは除かれる）（同規則20条1項24号）。

　その記録すべきは、実質的支配者である当該自然人で足り、当該自然人と顧客との間に資本関係を持つ法人が複数存在する場合であっても、これらの法人の本人特定事項・資本関係図等は不要であるものの、特定事業者が確認記録に顧客等と実質的支配者との関係を記録し、また、申告内容の合理性を判断する上で必要と考えられる場合には、実質的支配者と顧客等との間に複数存在する法人の情報を確認する必要があるが、これらの法人の本人特定事項や企業グループの資本関係図についてまで確認する必要はないと考えられている（【平27パ】No.93）。

　「当該実質的支配者と当該顧客等との関係」も記録しなければならないことから、単に、実質的支配者の本人特定事項を記録するだけでは足りず、申告を受けた実質的支配者が、犯罪収益移転防止法11条2項のいずれの号に該当する者であるかを確認する必要があり（【平27パ】No.125）、それを記録しなければならない。

　前述した「チェックシート」などをもって申告を受けた場合は、そのチェックシートそのものやその写し、あるいは、実質的支配者の本人特定事項の確認のために法人税申告書別表二「同族会社の判定に関する明細書」などの書類を用いた場合には、その書類そのもの（生年月日等を補記するなど当該者の本人特定事項を充足させる）やその写しを確認記録として保存（他の記録と一体的に保管、記録）することも考えられよう。

⑵　実質的支配者が国等である場合の記録

　国等及びその子会社が自然人とみなされて実質的支配者に該当する場合（法人が実質的支配者に該当する特例）、実質的支配者の本人特定事項は氏名、住居及び生年月日ではなく、実質的支配者である当該法人（国等：国、地方公共団体、人格のない社団又は財団、上場会社など）の名称と本店や主たる事務所の所在地）となる（【平27パ】No.129）。例えば、実質的支配者が「東京都」の場合は、名称は「東京都」、主たる事務所の所在地が都庁の所在地となる（【平27パ】No.130)。

5　ハイリスク取引の場合

⑴　ハイリスク取引の場合の確認事項

　ハイリスク取引の場合の取引時確認においては、ハイリスク取引ではない通常の特定取引と同じく、本人特定事項、取引を行う目的、職業又は事業の内容、法人である顧客等の実質的支配者の本人特定事項を確認しなければならないが、更に追加の確認をしなければならない場合がある。

　それは、その取引が、その価額が200万円（犯罪収益移転防止法施行令11条）を超える財産の移転を伴う場合にあっては、資産及び収入の状況をも確認しなければならないというものである（犯罪収益移転防止法4条2項柱書前段）。

　ただし、司法書士については、ハイリスク取引の場合であっ

ても、通常の特定取引と同じ事項の確認を持って足りる。

ハイリスク取引には、①なりすまし・偽りの疑いがある取引、②特定国等に居住等する顧客等との取引、③外国PEPsとの取引が該当する。

ハイリスク取引は、犯罪収益移転防止法施行令では「厳格な顧客管理を行う必要性が特に高いと認められる取引」（同法施行令12条見出し）とされている取引である。なお、特定業務の範疇に含まれない取引は、ハイリスク取引には該当しない。

a　なりすまし・偽りの疑いがある取引

なりすまし・偽りの疑いがある取引は、犯罪収益移転防止法4条2項1号のイ又はロの取引である。

なりすましの疑いがある取引には、依頼者（と称する者）が当該取引時確認に顧客等又は代表者等になりすましている疑いがある場合の取引（その依頼行為）が該当し、そのほか、既に取引時確認を行っている顧客等との間で行う取引であるため今般の依頼の際には取引時確認を省略（簡易な確認）することができるところ、今般の取引（依頼行為）が、既に行った取引時確認（契約時確認）に係る顧客等や代表者等になりすましている疑いがある場合の今般の取引（依頼行為）が該当する。

また、偽りの疑いがある取引には、既に取引時確認を行っている顧客等との間で行う取引であるため今般の依頼の際には取引時確認を省略（簡易な確認）することができるところ、今般の取引（依頼行為）が、既に行った取引時確認（契約時確認）が行われた際に当該契約時確認に係る事項を偽っていた疑いがある顧客等（その代表者等が当該事項を偽っていた疑いがある顧

客等を含む）との間で行う取引が該当する。

継続的な取引にあって、依頼の際になりすましの疑いがある場合や、過去に依頼があった依頼者になりすましている疑いがある場合、あるいは、過去に依頼があった際に確認事項を偽っていた疑いがある場合、ハイリスク取引に該当する。

b 特定国等に居住等する顧客等との取引

特定国等に居住等する顧客等との取引は、犯罪収益移転防止法4条2項2号の取引であって、犯罪による収益の移転防止に関する制度の整備が十分に行われていないと認められる国又は地域として政令で定めるもの（特定国等）は、イラン、北朝鮮である（犯罪収益移転防止法施行令12条2項）。

そのため、ⓐイランや北朝鮮に居住し又は所在する顧客等との間における特定取引、ⓑイランや北朝鮮に居住し又は所在する者に対する財産の移転を伴う特定取引がハイリスク取引に該当する。

c 外国PEPsとの取引

外国PEPsとの取引は、外国政府等において重要な地位を占める者との取引であり（犯罪収益移転防止法4条2項3号）、犯罪による収益の移転防止のために厳格な顧客管理を行う必要性が特に高いと認められる取引として犯罪収益移転防止法施行令12条3項で定められている。

これにより、ⓐ外国の元首と外国の政府、中央銀行等において重要な地位を占める者等、ⓑⓐの家族、ⓒ法人であってⓐⓑが事業経営を実質的に支配することが可能となる関係にあるものを顧客等として、当該顧客等との間で行う特定取引がハイリ

スク取引に該当する。

ⓐには、該当する者は、外国の元首、我が国における内閣総理大臣その他の国務大臣や副大臣に相当する職、我が国における衆議院議長、衆議院副議長、参議院議長や参議院副議長に相当する職、我が国における最高裁判所の裁判官に相当する職、我が国における特命全権大使、特命全権公使、特派大使、政府代表や全権委員に相当する職（犯罪収益移転防止法施行規則15条4号）などが該当する（犯罪収益移転防止法施行令12条3項1号、同規則15条）。

ⓑの家族には、配偶者、父母、子と兄弟姉妹やこれらの者以外の配偶者の父母と子をいい、婚姻の届出をしていない、事実上婚姻関係と同様の事情にある者も含まれる。

ⓒについて、その事業経営を実質的に支配することが可能となる関係にあるものとして主務省令で定める者は、前出4の実質的支配者と同じ定義である。

⑵　ハイリスク取引の場合の確認の方法

a　本人特定事項の確認の方法（犯罪収益移転防止法4条2項柱書後段、犯罪収益移転防止法施行規則14条1項）

ハイリスク取引の場合の本人特定事項の確認（厳格な顧客管理を行う必要性が特に高いと認められる取引に際して行う確認）の方法は、令和4年の改正の前後を問わず、通常の方法及び追加的な方法（他の本人確認書類若しくは補完書類の提示・送付を受ける方法など）によって確認することになる。なお、なりすまし・偽りの疑いがある取引の場合には、その継続的な契約に基

づく取引に際し、当初の取引時確認（関連取引時確認）の際に確認した本人確認書類・補完書類以外の本人確認書類・補完書類の少なくとも一つを用いて確認することになる。例えば、関連取引時確認の際に運転免許証を用いたときは、もはや運転免許証を用いることはできず、各種健康保険証を用いて確認しなければならない。

その方法の概要は次の図で表される。

● 【概要】27頁の図

《ハイリスク取引の際の本人特定事項の確認方法》

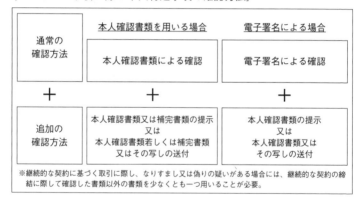

b　取引を行う目的の確認の方法（同規則14条2項）

ハイリスク取引の場合の取引時確認（厳格な顧客管理を行う必要性が特に高いと認められる取引に際して行う確認）の際において、取引を行う目的を確認する方法は、ハイリスク取引ではない通常の特定取引の場合と同じであり、「当該顧客等又はその代表者等から申告を受ける方法」によって確認する（前出「2(2)「取引を行う目的」の確認の方法」を参照）。

c　職業又は事業の内容の確認の方法（同規則14条 2 項）

　ハイリスク取引の場合の取引時確認（厳格な顧客管理を行う必要性が特に高いと認められる取引に際して行う確認）の際において、職業や事業の内容を確認する方法は、ハイリスク取引ではない通常の特定取引の場合と同じであり、顧客等の区分に応じて、自然人と人格のない社団や財団である顧客等にあっては「当該顧客等又はその代表者等から申告を受ける方法」、法人である顧客等にあっては「定款、登記事項証明書など一定の書類のいずれか（写し）を確認する方法」、外国に本店又は主たる事務所を有する法人である顧客等にあっては「一定の書類（定款、登記事項証明書などや、外国の法令に基づいて作成した当該法人の事業の内容の記載がある書類など）のいずれか又はその写しを確認する方法」によって（前出「3 ⑵　職業や事業の内容の確認の方法」参照）、職業又は事業の内容の確認の方法を確認する。

d　実質的支配者の本人特定事項の確認の方法（同規則14条 3 項）

　ハイリスク取引の場合の取引時確認（厳格な顧客管理を行う必要性が特に高いと認められる取引に際して行う確認）の際において、実質的支配者の本人特定事項を確認する方法は、ハイリスク取引ではない通常の特定取引の場合の「当該顧客等の代表者等から申告を受ける方法」（前出「4 ⑲　「実質的支配者の本人特定事項」の確認の方法」参照）とは異なり、その申告に加えて、一定の書類を確認する、より厳格な方法でなければならない。

　その方法は、法人の区分に応じ、それぞれ次に定める書類や

その写しを確認し、かつ、当該顧客等の代表者等から申告を受ける方法である。

● ハイリスク取引の場合の実質的支配者の本人特定事項の確認の方法で申告に加えて、確認しなければならない書類（写し）

法人の区分	確認しなければならない書類
資本多数決法人（「4⑶　資本多数決法人とは」参照）	株主名簿、有価証券報告書（金融商品取引法24条1項）その他これらに類する当該法人の議決権の保有状況を示す書類
資本多数決法人以外の法人（「4⑯　資本多数決法人以外の法人」参照）	次に掲げる書類（有効期間又は有効期限のあるものにあっては特定事業者が確認する日において有効なものに、その他のものにあっては特定事業者が確認する日前6月以内に作成されたものに限る）のいずれか イ　当該法人の設立の登記に係る登記事項証明書（当該法人が設立の登記をしていないときは、当該法人を所轄する行政機関の長の当該法人を代表する権限を有している者を証する書類） ロ　イに掲げるもののほか、官公庁から発行され、又は発給された書類その他これに類するもので、当該法人を代表する権限を有している者を証するもの ハ　外国に本店又は主たる事務所を有する法人にあっては、イ及びロに掲げるもののほか、日本国政府の承認した外国政府又は権限ある国際機関の発行した書類その他これに類するもので、当該法人を代表する権限を有している者を証するもの

e 資産及び収入の状況の確認の方法（同規則14条 4 項）

　ハイリスク取引の場合、その価額が200万円を超える財産の移転を伴う取引にあっては、資産と収入の状況も確認しなければならないが、これは、司法書士及び司法書士法人には適用がない。ただ、リスクベース・アプローチの考え方の一つである、信頼に足る証跡による確認という観点から参考になることから、その確認の方法についても以下で取り上げる。

　その方法は、顧客等の区分に応じて、それぞれ次に定める書類とその写しの 1 や 2 以上を確認する方法とされている（同規則14条 4 項）。

●資産や収入の状況の確認の方法

顧客等の区分	確認しなければならない書類
自然人である顧客等	次に掲げる書類 イ　源泉徴収票（所得税法226条 1 項） ロ　確定申告書 ハ　預貯金通帳 ニ　イからハまでに掲げるもののほか、これらに類する当該顧客等の資産及び収入の状況を示す書類 ホ　当該顧客等の配偶者（婚姻の届出をしていないが、事実上婚姻関係と同様の事情にある者を含む。）に係るイからニまでに掲げるもの
法人である顧客等	次に掲げる書類 イ　貸借対照表

	ロ　損益計算書
	ハ　イ及びロに掲げるもののほか、これら
	に類する当該法人の資産及び収入の状況
	を示す書類

　司法書士及び司法書士法人にとっても、リスクに応じて資産及び収入の状況の確認を行うことが望ましい事案もあろう。

6　顧客等が国等である場合の確認事項

(1) 概　　要

　特定事業者との間で現に特定取引等の任に当たっている自然人が顧客等と異なる場合であって、当該顧客等が国、地方公共団体、人格のない社団や財団その他政令で定めるもの（国等）である場合、取引時確認の際における確認事項は、別途、犯罪収益移転防止法4条1項、2項を読み替えることによって定められている（同法4条5項）。

　「特定事業者との間で現に特定取引等の任に当たっている自然人が顧客等と異なる場合」とは、会社の代表者が当該会社のために当該特定事業者との間で特定取引等（同法4条1項、2項：通常の特定取引又はハイリスク取引）を行う場合、つまり、会社の依頼について会社の代表者が依頼の任に当たる（依頼に訪れる）場合を典型例とするが、まず、法人の依頼の場合は、必ず、「特定事業者との間で現に特定取引等の任に当たっている自然人が顧客等と異なる場合」に当たることになる。なぜな

ら、法人を顧客等とする場合、当該特定取引等による権利義務の帰属主体は当該法人であるものの、現実の依頼の行為自体は自然人が行う必要があるからである。当該法人の代表取締役などの代表者が、その現実の依頼行為を行うことが一般に想定されるが、当該自然人は代表者に限られず、代表者以外の者であっても、例えば、その依頼に関する担当者などが当該法人の依頼行為の任に当たる場合も含まれる。

　「特定事業者との間で現に特定取引等の任に当たっている自然人が顧客等と異なる場合」には、顧客等が自然人である場合もある。これには、例えば、依頼者（自然人）である顧客等（権利義務の帰属主体）が現実の依頼行為を行わず、その代理人、代行者などが現実の依頼行為を行う場合が想定される。

　そして、「特定事業者との間で現に特定取引等の任に当たっている自然人が顧客等と異なる場合」には、特定事業者は、顧客等について特定取引等の際に取引時確認を行う場合においては、当該顧客等の当該取引時確認に加え、当該特定取引等の任に当たっている自然人についても、その者の本人特定事項の確認を行わなければならないとされている（同法4条4項）。

　つまり、「特定事業者との間で現に特定取引等の任に当たっている自然人が顧客等と異なる場合」には、取引時確認においては、当該顧客等について、本人特定事項、取引を行う目的、職業や事業の内容、実質的支配者の本人特定事項（顧客等が法人である場合）を確認することに加えて、当該特定取引等の任に当たっている自然人の本人特定事項の確認を行わなければならないのである。

それが、「特定事業者との間で現に特定取引等の任に当たっている自然人が顧客等と異なる場合」であって、当該顧客等が国等である場合に、取引時確認の際における確認事項が、別途、読み替えて定められているのである（同法4条5項）。

なお、顧客等が国等ではない法人である場合において実質的支配者に該当すべき者が国等である場合にあっては、「4⒀法人が実質的支配者に該当する特例」を参照していただきたい。

⑵　国　　等

国等とは、「国、地方公共団体、人格のない社団又は財団その他政令で定めるもの」であり、具体的には、前出4⒀のとおり、国、地方公共団体、人格のない社団や財団、独立行政法人、上場会社などが該当する。

⑶　代表者等

a　代表者等の要件

「特定事業者との間で現に特定取引等の任に当たっている自然人が顧客等と異なる場合」の当該「自然人」のことを、「代表者等」という（犯罪収益移転防止法4条6項）。

前述のとおり、株式会社の代表取締役のような法人の代表者をその典型とするが、法律上の代表権がない者であっても、現に特定取引等の任に当たっている自然人は代表者等に当たることになる。

「現に特定取引等の任に当たっている」とは、必ずしも民法

上の代理権を有しているということには限られないが（【平24パ】No.75（なお、依頼者以外の者が依頼の任に当たる場合は、司法書士の職責においてはその者の依頼に関する権限の確認が必要となろう））、具体的には、次のいずれかに該当することで、当該顧客等のために特定取引等の任に当たっていると認められる者が代表者等に当たる（犯罪収益移転防止法施行規則12条5項）。つまり、現に特定取引等の任に当たっている（との外形を帯びる、あるいは、主張しているなどの）自然人が全て代表者等と認められることにはならないわけである。

● **顧客等が自然人である場合の代表者等**

イ　当該代表者等が、当該顧客等の同居の親族又は法定代理人であること。

ロ　当該代表者等が、当該顧客等が作成した委任状その他の当該代表者等が当該顧客等のために当該特定取引等の任に当たっていることを証する書面を有していること。

ハ　当該顧客等に電話をかけることその他これに類する方法により当該代表者等が当該顧客等のために当該特定取引等の任に当たっていることが確認できること。

ニ　イからハまでに掲げるもののほか、特定事業者が当該顧客等と当該代表者等との関係を認識していることその他の理由により当該代表者等が当該顧客等のために当該特定取引等の任に当たっていることが明らかであること。

これらにより、顧客等が自然人である場合は、同居の親族、法定代理人、委任状などを有する者や、電話をかけるなどしてその確認ができた者、そのほか当該特定取引等の任に当たっていることが明らかである者が代表者等に当たることになる。

　ここで、「同居の親族又は法定代理人」であることの確認は、単に申告によることは認められず、何らかの方法により確認することが必要となり、具体的には、住民票、戸籍謄本等の書類により関係を確認すること、顧客等と代表者等の本人確認書類により同一の姓・住所であることを確認すること、実際に顧客等の住居に赴いて代表者等との関係を確認すること等が想定されている（【平24パ】No.77）。

　委任状の確認に当たっては、実印の押印があることや、印鑑登録証明書も併せて提出されることまでは求められていないが、顧客等が作成したものであると認められることが必要となる（【平24パ】No.78）。そして、「当該代表者等が当該顧客等のために当該特定取引等の任に当たっていることを証する書面」とは、委任状という名称でなくとも、顧客等が代表者等に取引の任に当たらせていることが明らかになる書類をいい、具体的には、顧客等が作成した申請書であって、取引に当たらせている者の氏名等を記載されているもの等が想定されているが（【平24パ】No.79）、代表者等が顧客等のために特定取引等の任に当たっていることを、名刺で確認することは困難である（【平24パ】No.80）。代表者等が顧客等のために特定取引等の任に当たっていることを確認することができる書面は、日本語で記載されているものに限られない（【平24パ】No.81）。

「その他の理由により当該代表者等が当該顧客等のために当該特定取引等の任に当たっていることが明らかであること」とは、例えば、委任状と再委任状のような複数の書類を確認すること等により顧客等と代表者等との関係が明らかになることが想定され、代表者等が顧客等の本人確認書類を有していることのみをもっては、顧客等のために特定取引等の任に当たっていることが明らかであるとは認められない（【平24パ】No.87）。

● **顧客等が自然人以外の者（人格のない社団又は財団を除く）である場合の代表者等**

イ　前ロ（前表§顧客等が自然人である場合の代表者等中のロ参照）に掲げること。

ロ　当該代表者等が、当該顧客等を代表する権限を有する役員として登記されていること。

ハ　当該顧客等の本店等若しくは営業所又は当該代表者等が所属すると認められる官公署に電話をかけることその他これに類する方法により当該代表者等が当該顧客等のために当該特定取引等の任に当たっていることが確認できること。

ニ　イからハまでに掲げるもののほか、特定事業者が当該顧客等と当該代表者等との関係を認識していることその他の理由により当該代表者等が当該顧客等のために当該特定取引等の任に当たっていることが明らかであること。

これらにより、顧客等が法人である場合は、委任状などを有する者や、電話をかけるなどしてその確認ができた者、当該特定取引等の任に当たっていることが明らかである者、そして、代表する権限を有する役員として登記されている者が代表者等に当たることになる。代表取締役など代表する権限を有する役員として登記されている者は代表者等の要件に該当するものの、役員であっても（役員でない者はもちろん）、代表権を有しない者は、他の要件に当たらなければ代表者等には該当しないことには注意を要するところである。

　顧客等が法人である場合、電話をかける先の「本店等」は例示であり、営業所等の顧客等に関連する他の場所へ電話をかけることも「これに類する方法」として認められ、電話をした際に確認する内容としては、代表者等が当該法人（顧客等）の従業員であること等で足り、取引の権限を有していることの確認までを求められるものではないと考えられている（【平24パ】No.82）。そして、「電話をかけることその他これに類する方法」の「これに類する方法」としては、営業所等の場所に対しFAX、電子メールを送信して確認すること、実際に当該場所に赴いて確認すること等が想定されている（【平24パ】No.83）。また、電話をかけて代表者等が特定取引等の任に当たっていることを確認する場合に、確認の相手の役職に制限はないと考えられている（【平24パ】No.84）。

　「特定事業者が当該顧客等と当該代表者等との関係を認識していること」の「関係を認識していること」については、例えば、営業担当者が契約の締結前に顧客等を訪問し、顧客等及び

代表者等と面談を行っている場合が含まれる（【平24パ】No.86）。顧客等が発行した身分証明書については、当該顧客等と代表者等との関係を確認することができるものの、当該代表者等が特定取引等の任に当たる権限を真正に有しているかについては確認することができないことから、「当該顧客等のために当該特定取引等の任に当たっていることを証する書面」には当たらず、「職員（社員）証明書」についても、代表者等が顧客等の特定取引等の任に当たっていることを証する記載がなく、単に代表者等が顧客等の職員（社員）であることを証明するにとどまる場合には、当たらない（【平27パ】No.135）。

　そのほか、支配人登記されていない法人の支店長と取引する場合、法人と支店長との関係を従前から認識している場合には、他に確認を行う必要はなく、また、そのような認識がない場合においては、本社に電話をかけることにより特定取引等の任に当たっていることの確認を行うことも認められ（【平27パ】No.136）、また、顧客の事業所を訪問して取引担当者と面談することにより、その取引担当者が取引の任に当たっていることが確かであると認められる状況であれば、「当該代表者等が当該顧客等のために当該特定取引等の任に当たっていることが明らかであること」に当たると考えられている（【平27パ】No.139）。

　なお、現行の犯罪収益移転防止法施行規則では前述のとおり、「代表する権限を有する役員として登記されていること」が一つの要件とされているが、過去の同規則では「役員として登記されていること」とされ、特定事業者において登記事項証

109

明書を確認する方法でも差し支えないとされていたことから（【平24パ】No.85）、現行の規則にあっては代表する権限を有する役員として登記されていることを登記事項証明書などをもって確認することになる。そこで、執行役（【平27パ】の原文では「執行役員」）として登記されていることは、「当該顧客等を代表する権限を有する役員として登記されていること」には当たらず（【平27パ】No.134）、法人の「当該顧客等を代表する権限を有する役員として登記されている」とは、「代表」という名称を帯びる役員に限られず、各自代表権を有する「取締役」「理事」等も含まれる（【平27パ】No.137）。

　特殊な例としては、資産運用会社との取引について、法定の開示資料等を確認することにより、当該代表者等が顧客等のために取引の任に当たっていることが明らかとなる事情があるのであれば、「当該代表者等が当該顧客等のために当該特定取引等の任に当たっていることが明らかであること」と認めることができる（【平24パ】No.88）。

　b　人格のない社団又は財団である顧客等の代表者等の要件

　前記ａの要件は顧客等が自然人である場合や法人である場合であり、顧客等が人格のない社団や財団である場合については、その要件が規定されていない。

　これは、人格のない社団や財団である顧客等については、その実在性の証明が困難であることを踏まえ顧客等の本人特定事項の確認を要しないとされているところ、代表者等が顧客等のために特定取引等の任に当たっていることについても同様であると考えられていることによる（【平24パ】No.76）。

第2章 | 司法書士に関連する犯罪収益移転防止法の主な改正事項

　したがって、その要件の制限は受けずに、特定事業者が、その代表者等（特定事業者との間で現に特定取引等の任に当たっている自然人）であることを確認することとなる。

⑷　顧客等が国等である場合の確認事項

a　顧客等が国等（人格のない社団又は財団を除く）である場合の確認事項（通常の特定取引の場合）

　通常の取引時確認の際の確認事項について、顧客等が国等（人格のない社団や財団を除く）である場合の読替えは、次のとおりとなる。

●犯罪収益移転防止法4条1項の読替え

第四条　特定事業者……（中略）……特定業務……のうち……特定取引……を行うに際しては、主務省令で定める方法により、当該顧客等について、<u>第一号に掲げる事項</u>の確認を行わなければならない。

一　<u>当該特定事業者との間で現に特定取引等の任に当たっている自然人の本人特定事項</u>

二〜四　（省略）

※読替え部分の下線は筆者による（以下、dの表まで同様）。

　これにより、顧客等が、人格のない社団や財団を除く国等、すなわち、国、地方公共団体、独立行政法人、上場会社などである場合には、取引時確認に際しては、その代表者等の本人特

111

定事項のみを確認することになる（顧客等である上場会社にあっては実質的支配者の本人特定事項の確認が不要であることについて（【平27パ】No.131））。

　つまり、国、地方公共団体、独立行政法人、上場会社などが依頼者であるときには、司法書士は、その国等の本人特定事項や、取引を行う目的、事業の内容、実質的支配者の本人特定事項の確認は犯罪収益移転防止法上は必要とされず、代わりに、代表者等の本人特定事項を確認しなければならないものとなる。

　この場合、確認記録には、「当該代表者等の本人特定事項、当該代表者等と顧客等との関係及び当該代表者等が顧客等のために特定取引等の任に当たっていると認めた理由」を記録しなければならないことから（犯罪収益移転防止法施行規則20条1項21号）、依頼を受けた司法書士は、当該代表者等から当該運転免許証等の提示を受けるなどして当該本人特定事項の確認を行うほか、合理的な方法をもって、「当該代表者等と顧客等との関係」「当該代表者等が顧客等のために特定取引等の任に当たっていると認めた理由」を確認することになる。

　ちなみに、顧客等が法人である場合において実質的支配者の本人特定事項を確認する際、その実質的支配者（となるべき者）が国等である場合には当該国等が自然人であるとみなされることを解説したが（前出「4⒀　法人が実質的支配者に該当する特例」参照）、これは、顧客等（依頼者）が国等ではない法人である場合のことであって、顧客等（依頼者）が国等である場合には、当該国等の実質的支配者の本人特定事項の確認は求められ

ない。

　以上の読替えは、犯罪収益移転防止法4条1項の条文の改正に併せて読替規定も改正されたものであり、司法書士にとって、実務上の取扱いは従来と変わらない。

　b　顧客等が人格のない社団又は財団である場合の確認事項
　　（通常の特定取引の場合）

　通常の取引時確認の際の確認事項について、顧客等が人格のない社団や財団である場合の読替えは、次のとおりとなる。

●犯罪収益移転防止法4条1項の読替え

第四条　特定事業者…（中略）…特定業務……のうち……
　特定取引……を行うに際しては、主務省令で定める方法
　により、当該顧客等について、<u>第一号から第三号</u>までに
　掲げる事項の確認を行わなければならない。
　一　<u>当該特定事業者との間で現に特定取引等の任に当
　　たっている自然人の本人特定事項</u>
　二　取引を行う目的
　三　当該顧客等が自然人である場合にあっては職業、当
　　該顧客等が法人である場合にあっては事業の内容
　四　（省略）

　これにより、顧客等が人格のない社団や財団である場合には、取引時確認に際しては、その代表者等の本人特定事項及び取引を行う目的と事業の内容を確認することになる。この場

合、実質的支配者の本人特定事項の確認は求められない。

　前記 a の場合と同様、確認記録には、「当該代表者等の本人特定事項、当該代表者等と顧客等との関係及び当該代表者等が顧客等のために特定取引等の任に当たっていると認めた理由」を記録しなければならない。加えて、取引を行う目的（犯罪収益移転防止法施行規則20条 1 項22号）、事業の内容を記録することになる（同項23号）。

　この読替えは、犯罪収益移転防止法 4 条 1 項の条文の改正に併せて読替規定も改正されたものであり、司法書士も、顧客等が人格のない社団や財団である場合には、その代表者等の本人特定事項や取引を行う目的と事業の内容を確認しなければならない。

　c　顧客等が国等（人格のない社団や財団を除く）である場合の確認事項（ハイリスク取引の場合）

　ハイリスク取引の場合の確認事項について、顧客等が国等（人格のない社団や財団を除く）である場合の読替えは、次のとおりとなる。

● 犯罪収益移転防止法 4 条 2 項の読替え

> 　2　特定事業者は、顧客等との間で、特定業務のうち次の各号のいずれかに該当する取引を行うに際しては、主務省令で定めるところにより、当該顧客等について、<u>前項第一号に掲げる事項</u>の確認を行わなければならない。
> 　（省略）

一〜三　（省略）

　これにより、顧客等が、人格のない社団や財団を除く国等、すなわち、国、地方公共団体、独立行政法人、上場会社などである場合には、ハイリスク取引の際には、その代表者等の本人特定事項のみを確認することになる。

　この読替えは、犯罪収益移転防止法4条2項の条文の改正に併せて読替規定も改正されたものであり、司法書士にとって実務上の取扱いは従来と変わらない。

　　d　顧客等が人格のない社団や財団である場合の確認事項
　　　（ハイリスク取引の場合）

　ハイリスク取引の場合の確認事項について、顧客等が人格のない社団や財団である場合の読替えは、次のとおりとなる。

●犯罪収益移転防止法4条2項

> 2　特定事業者は、顧客等との間で、特定業務のうち次の各号のいずれかに該当する取引を行うに際しては、主務省令で定めるところにより、当該顧客等について、<u>前項第一号から第三号までに掲げる事項</u>の確認を行わなければならない。（省略）
> 一〜三　（省略）

　これにより、顧客等が、人格のない社団や財団である場合には、ハイリスク取引の際には、その代表者等の本人特定事項や

取引を行う目的と事業の内容を確認することになる。

　この読替えは、犯罪収益移転防止法 4 条 2 項の条文の改正に併せて読替規定も改正されたものであり、司法書士も、顧客等が人格のない社団や財団である場合には、その代表者等の本人特定事項や取引を行う目的と事業の内容を確認しなければならない。

第2章 | 司法書士に関連する犯罪収益移転防止法の主な改正事項

第2 経過措置

　改正された犯罪収益移転防止法は令和6年4月1日から施行されたが、その施行に伴って、その前後にわたる事項について経過措置が定められている。

　主に、改正法の施行前の「確認」が、改正法の施行後の取引時確認に生かすことができるかどうかということに関する経過措置であり、以下、「附則」とは、FATF勧告対応法（第1章第4節4⑴参照）の附則をいうこととする。

1 取引時確認を行っている顧客等との取引

⑴ 再度の依頼があった場合の取扱い

　犯罪による収益の移転防止に関する法律の一部改正に伴う経過措置は、既に取引時確認を行っている顧客等との取引に関連するものである。それは、依頼者（顧客等）Aから司法書士Bが依頼（特定取引）を受けて取引時確認を行ったことを前提に、その後、Bが再びAから依頼を受けた場合においては、一定の要件の下、その再度の依頼の際にはBは取引時確認を省略（簡易な確認）することができるという規定との関係で、当初の依頼が改正法の施行前で、再度の依頼が改正法の施行後であったときにおける、再度の依頼の場合の取引時確認の取扱いに関する経過措置である。

117

そこで、以下で、まず、犯罪による収益の移転防止に関する法律の一部改正に伴う経過措置を解説するに当たって、まず、「既に取引時確認を行っている顧客等との取引」に関する規定について解説する。

(2) 既に取引時確認を行っている顧客等との取引の場合の取引時確認の省略

特定事業者は、特定業務に関する依頼を受ける（特定取引や、ハイリスク取引を行う）に際しては取引時確認を行わなければならないところ、既に取引時確認を行っている顧客等との取引にあっては、次に規定するとおり、取引時確認の義務が免除される。

●犯罪収益移転防止法4条3項

> 3　第一項※1の規定は、当該特定事業者が他の取引の際に既に同項又は前項※2（これらの規定を第五項※3の規定により読み替えて適用する場合を含む。）の規定による確認（当該確認について第六条の規定による確認記録の作成及び保存をしている場合におけるものに限る。）を行っている顧客等との取引（これに準ずるものとして政令で定める取引を含む。）であって政令で定めるものについては、適用しない。
>
> ［筆者注］
> ※1　特定取引の際の取引時確認の義務（【登記情報】745号

52頁)

※2　ハイリスク取引の際の取引時確認の義務（【登記情報】
748号82頁）

※3　代表者等による特定取引等の際の取引時確認の義務
（前節6(1)）

　これにより、特定事業者が顧客等から依頼を受ける際において取引時確認を行う場合（犯罪収益移転防止法4条1項（特定取引）の場合）に、その依頼（取引）が、他の依頼（取引）の際に既に取引時確認を行っている顧客等の依頼（取引（一定の準ずる取引を含む））、一定（政令で定められている）の取引であるときは、その確認について確認記録の作成及び保存をしている場合に限って、取引時確認を行うべき義務は課せられない。このような場合には、取引時確認を省略（簡易な確認）することが許容される。

　当初の依頼の際には確認記録を作成し、保存していたが、7年の保存期間の経過によって廃棄した後、再度の依頼があった場合には、既に取引時確認を行っている顧客等との取引として取り扱うことはできないが、7年の保存期間の経過後も保存しているならば、既に取引時確認を行っている顧客等との取引として取り扱うことはできる。

(3)　既に取引時確認を行っている顧客等との取引に準ずる取引

　特定事業者が既に取引時確認を行っている顧客等との取引に準ずる取引を行う場合にも、取引時確認を省略（簡易な確認）することが許容されている。つまり、当該特定事業者自身が取

引時確認を行っていない顧客等であっても、既に取引時確認を行っている顧客等との取引に含ませることができる場合が定められている。

　既に取引時確認を行っている顧客等との取引に準ずる取引は、次のいずれかに該当する取引である。

●犯罪収益移転防止法施行令13条１項各号

1　当該特定事業者（法第二条第二項第一号から第三十八号まで及び第四十号に掲げる特定事業者に限る。以下この号において同じ。）が他の特定事業者に委託して行う第七条第一項第一号又は第三号に定める取引であって、当該他の特定事業者が他の取引の際に既に取引時確認（当該他の特定事業者が当該取引時確認について法第六条の規定による確認記録（同条第一項に規定する確認記録をいう。次号において同じ。）の作成及び保存をしている場合におけるものに限る。）を行っている顧客等との間で行うもの

2　当該特定事業者が合併、事業譲渡その他これらに準ずるものにより他の特定事業者の事業を承継した場合における当該他の特定事業者が他の取引の際に既に取引時確認を行っている顧客等との間で行う取引（当該他の特定事業者が当該特定事業者に対し当該取引時確認について法第六条第一項の規定により作成した確認記録を引き継ぎ、当該特定事業者が当該確認記録の保存をしている場合におけるものに限る。）

まず、1号は当該特定事業者が他の特定事業者に委託して行う一定の取引の場合であるが、司法書士（その他の士業）には適用されない。

2号は当該特定事業者が合併、事業譲渡等によって他の特定事業者の事業を承継した場合において当該他の特定事業者が既に取引時確認を行っている顧客等との間で行う取引が該当し、例えば、特定事業者甲がAと特定取引を行うとき、それまでに甲が特定事業者乙を吸収合併していたものであって、乙が別の（過去の）特定取引の際にAについて取引時確認を行っている場合（その確認記録を甲が引き継いで保存している場合に限られる）には、一定の要件の下、甲はAについて取引時確認を省略（簡易な確認）することが許容される。この規定は、司法書士にも適用があり、司法書士法人甲が司法書士法人乙を吸収合併した後、取引時確認を行う場合に、既に乙が当該依頼者（顧客等）について取引時確認を行っており、乙が作成したその確認記録を甲が引き継いで保存している場合が考えられる。

⑷　政令で定める取引（既に取引時確認を行っている顧客等であることを確かめる措置を採った取引）

既に取引時確認を行っている顧客等との取引の場合において取引時確認を省略（簡易な確認）することができるのは、既に取引時確認を行っている顧客等との間で行う取引（それに準ずる取引を含む）であるだけではなく、一定の措置を採った取引でなければならない。つまり、該当する場合に取引時確認を省略することができるということは、全く確認行為が不要となる

ということではなく、犯罪収益移転防止法4条1項の規定に基づいた確認が不要であるにすぎず、以下で述べる簡易な確認は必要であるという意味である。

その確認が、既に取引時確認を行っている顧客等であることを確認するというものであり、次のとおり、規定されている。

●犯罪収益移転防止法施行令13条2項

> 2 法第四条第三項に規定する政令で定めるものは、当該特定事業者（前項第一号に掲げる取引にあっては、同号に規定する他の特定事業者）が、主務省令で定めるところにより、その顧客等が既に取引時確認を行っている顧客等であることを確かめる措置をとった取引（当該取引の相手方が当該取引時確認に係る顧客等又は代表者等になりすましている疑いがあるもの、当該取引時確認が行われた際に当該取引時確認に係る事項を偽っていた疑いがある顧客等（その代表者等が当該事項を偽っていた疑いがある顧客等を含む。）との間で行うもの、疑わしい取引その他の顧客管理を行う上で特別の注意を要するものとして主務省令で定めるものを除く。）とする。

これにより、前記(3)の取引に該当する取引であって、特定事業者（前記(3)の表中の1の場合は委託を受けた特定事業者）が、その顧客等が既に取引時確認を行っている顧客等であることを確かめる措置を採った取引である場合には、取引時確認を省略

（簡易な確認）することができることになる。

　ただし、㋐取引の相手方が当初の取引時確認に係る顧客等又は代表者等になりすましている疑いがある取引、㋑当初の取引時確認が行われた際に当該取引時確認に係る事項を偽っていた疑いがある顧客等（その代表者等が当該事項を偽っていた疑いがある顧客等を含む）との間で行う取引（【登記情報】701号58頁）、㋒疑わしい取引（【登記情報】701号62頁）、㋓顧客管理を行う上で特別の注意を要するものとして主務省令で定める取引（同種の取引の態様と著しく異なる態様で行われる取引（犯罪収益移転防止法施行規則17条））（【登記情報】701号63頁）においては、取引時確認を省略することはできない。

　既に取引時確認を行っている顧客等であることを確認する措置は法定されており、次のとおり規定されている。

● 犯罪収益移転防止法施行規則16条 1 項

（顧客等について既に取引時確認を行っていることを確認する方法）

第16条　令第十三条第二項に規定する主務省令で定める方法は、次の各号に掲げることのいずれかにより顧客等（国等である場合にあっては、その代表者等又は当該国等（人格のない社団又は財団を除く。）。以下この条において同じ。）が確認記録に記録されている顧客等と同一であることを確認するとともに、当該確認を行った取引に係る第二十四条第一号から第三号までに掲げる事項を記録し、当該

記録を当該取引の行われた日から七年間保存する方法とする。

一　預貯金通帳その他の顧客等が確認記録に記録されている顧客等と同一であることを示す書類その他の物の提示又は送付を受けること。

二　顧客等しか知り得ない事項その他の顧客等が確認記録に記録されている顧客等と同一であることを示す事項の申告を受けること。

顧客等について既に取引時確認を行っていることを確認する方法は、㋐顧客等が確認記録に記録されている顧客等と同一であることを示す書類その他の物（金融機関の場合の預貯金通帳が典型例）の提示や送付を受ける方法、㋑顧客等が確認記録に記録されている顧客等と同一であることを示す事項（顧客等しか知り得ない事項が典型例）を受ける方法である。そして、そのいずれかの方法で、顧客等が確認記録に記録されている顧客等と同一であることを確認した上で、次の事項を記録して、その記録を7年間保存しなければならない。

(ⅰ)　口座番号その他の顧客等の確認記録を検索するための事項（確認記録がない場合にあっては、氏名その他の顧客等又は取引若しくは特定受任行為の代理等を特定するに足りる事項）

(ⅱ)　取引又は特定受任行為の代理等の日付

(ⅲ)　取引又は特定受任行為の代理等の種類

ただ、当初の取引時確認を行った後、その依頼（特定取引）

に基づく事務を遂行する（特定受任行為の代理等）場合、例え
ば、宅地の売買による所有権移転登記申請の依頼（再度の依頼）
を受けて、その登記手続を代理したような場合には、これら(i)
〜(iii)の事項は取引記録等（特定受任行為の代理等に関する記録）
として記録しなければならないことから、通常は、取引記録等
以外に別途記録を作成する必要はない。

　したがって、司法書士を含む特定事業者は、当初の依頼者
（顧客等）による再度の依頼の際には、預貯金通帳等のその本
人しか所持していない物や、本人しか知り得ない事項の提示や
送付、申告を受ける（パスワードの入力なども含まれる）ことで、
再度の依頼者（顧客等）が当初の依頼者（顧客等）について作
成された確認記録に記録されている顧客等と同一であることを
確認するものとなる。

　なお、顧客等が法人であるとき、当初の依頼時と再度の依頼
時ではその代表者等が変更されている場合には取引時確認済み
の顧客等として取り扱うことができるが（この場合、新たな代
表者等の本人特定事項の確認を行わなければならないわけではない
ものの、変更があったことについて確認記録に付記する必要がある
（【逐条】362頁））、人格のない社団や財団である顧客等について
はそのように取り扱うことができず、その都度、取引時確認を
行わなければならない（【平24パ】No.103）。また、実質的支配
者が変更されている場合も、新たな実質的支配者の本人特定事
項等について確認をする義務はないものの、変更があったこと
について確認記録に付記するなどする必要がある（【平24パ】
No.104）。

⑸　面識がある場合

　前記⑷の方法は、既に取引時確認を行っている顧客等であることを確かめる方法の原則であるが、それには、次のとおり特例が設けられている。

●犯罪収益移転防止法施行規則16条2項

> 2　前項の規定にかかわらず、特定事業者は、顧客等又は代表者等と面識がある場合その他の顧客等が確認記録に記録されている顧客等と同一であることが明らかな場合は、当該顧客等が確認記録に記録されている顧客等と同一であることを確認したものとすることができる。

　前記⑷の確認を行わなくても、依頼者（顧客等）と面識があり、その者が確認記録に記録されている顧客等（当初の依頼者）と同一であることが明らかな場合は、当該顧客等が確認記録に記録されている顧客等と同一であることを確認したものとして、既に取引時確認を行っている顧客等との取引として取り扱うことができるというものである。

　司法書士が、再度の依頼を既に取引時確認を行っている顧客等との取引として取り扱うとき、その多くは、依頼者（顧客等）と面識がある場合であろうが、ここでいう面識とは、当該特定事業者の責任において、確実に本人性を判断できることの例示であり、本人確認書類の提示を求める等の措置を講ずることな

第2章 | 司法書士に関連する犯罪収益移転防止法の主な改正事項

く、当該特定事業者の責任において、確実に本人性を判断できる場合であることが必要である（警察庁共管各省庁「犯罪による収益の移転防止に関する法律施行令案等に対する意見の募集（パブリックコメント）結果について」（平成20年1月）（以下「【平20パ】」という）規則2⑼ク）。そのため、確認済みの法人顧客の担当者が交代して、旧担当者から新担当者の紹介を受けたとしても、直ちに、「顧客等が本人確認記録に記録されている顧客等と同一であることが明らかな場合」に該当するとは限らない（【平20パ】規則2⑼キ）。

個人司法書士の場合は、正に当該司法書士が当該依頼者と面識があることであるが、司法書士法人の場合の面識は、特定事業者としての司法書士法人の面識を意味することになる。特定事業者一般の考え方として、特定事業者の職員が顧客等と面識があり、確認記録に記録されている顧客等と同一であることが明らかである場合について、顧客等と面識がある職員は、当初の「取引時確認を行った者（犯罪収益移転防止法施行規則20条1項1号：パブリックコメント当時は規則10条1項1号）」でなくても差し支えない（【平20パ】規則2⑼ア）。司法書士法人である場合、当初に取引時確認を行った当該司法書士法人の司法書士と、再度の依頼の際に、その依頼者について取引時確認を行う当該司法書士法人の司法書士が異なるときであっても、「面識」を利用することで既に取引時確認を行っている顧客等との取引として取り扱うことはできなくもないが、当該顧客等が確認記録に記録されている顧客等と同一であることが明らかであることが必要である。このような場合は、前記⑷の確認を行うこと

127

が通常であろう。

なお、面識がある場合その他の顧客等が確認記録に記録されている顧客等と同一であることが明らかな場合は、前記(4)の確認が必要とされないだけであって、前記(4)の(i)〜(iii)の記録の作成、保存の義務は課されるほか（前述のとおり、この記録は、通常、取引記録等が兼ねる）、大前提として、再度の依頼の際に、当該依頼者（顧客等）についての確認記録が保存されていなければならない。そのため、もともと「面識」のある友人、知人などから初めて依頼を受けたときは、当該者についての確認記録は作成されていないことから、その依頼を既に取引時確認を行っている顧客等との取引として取り扱うことはできない。

2　既に取引時確認を行っている顧客等との取引に相当する取引

既に取引時確認を行っている顧客等との取引には当たらない場合であっても、既に取引時確認を行っている顧客等との取引に相当する取引である場合には、取引時確認の方法について以下のような特例が定められている。

それは、当該特定事業者が、当該顧客等について、既に取引時確認に相当する確認を行っている顧客等又は代表者等については、当該確認について確認記録に相当する記録の作成及び保存をしている場合に限り、前記1の(4)の顧客等について既に取引時確認を行っていることを確認する方法（犯罪収益移転防止法施行規則16条1項）に相当する方法により既に当該確認を行っ

ていることを確認するとともに、当該記録を確認記録として保存する方法によって、取引時確認を行うことが許容されている（同規則13条1項3号）。ただし、取引の相手方が、取引時確認に相当する確認に係る顧客等若しくは代表者等になりすましている疑いがある取引、当該取引時確認に相当する確認が行われた際に当該取引時確認に相当する確認に係る事項を偽っていた疑いがある顧客等や代表者等（その代表者等が当該事項を偽っていた疑いがある顧客等や代表者等を含む）との間における取引、疑わしい取引や同種の取引の態様と著しく異なる態様で行われる取引である場合は、この方法によることはできない（同規則13条1項柱書ただし書）。

　例えば、司法書士が、依頼者（顧客等）Ａから特定業務ではない依頼を受けた際に取引時確認と同様の確認を行って、その記録を作成、保存している場合、今度は、Ａから特定業務に当たる依頼を受けた際には、通常の取引時確認の方法によらず、簡易な方法として、既に当該確認を行っている顧客等であることを確認することで取引時確認とし、その記録をもって確認記録とすることができる。これは、事実上、既に取引時確認を行っている顧客等との取引と同様に取り扱うことができることを意味している。

3 附則 8 条 1 項関係（改正法の施行前に取引時確認を行っている一般顧客等に関する経過措置）

(1) 附則の概要

改正犯罪収益移転防止法の施行前に取引時確認を行っている顧客等（次の 4 の顧客等以外の顧客等）に関する経過措置は、次のとおり規定されている。

●附則 8 条 1 項

（犯罪による収益の移転防止に関する法律の一部改正に伴う経過措置）

第 8 条 犯罪による収益の移転防止に関する法律（以下この条において「犯罪収益移転防止法」という。）第二条第二項第四十六号から第四十九号までに掲げる特定事業者（次項及び第四項において「司法書士等」という。）が、第二号施行日前の取引の際に第六条の規定（犯罪収益移転防止法第四条等の改正規定に限る。以下この項において同じ。）による改正前の犯罪収益移転防止法（以下この条において「旧犯罪収益移転防止法」という。）第四条第一項又は第二項の規定による確認（当該確認について犯罪収益移転防止法第六条の規定による確認記録の作成及び保存をしている場合におけるものに限る。）を行っている犯罪収益移

転防止法第二条第三項に規定する顧客等（第六条の規定による改正後の犯罪収益移転防止法（以下この条において「新犯罪収益移転防止法」という。）第四条第五項に規定する国等（第四項において「国等」という。）を除く。）との間で行う第二号施行日以後の取引（これに準ずるものとして政令で定める取引を含む。）であって政令で定めるものについての新犯罪収益移転防止法第四条第一項の規定の適用については、同項中「次に」とあるのは、「第二号から第四号までに」とする。

　この条文は、以下のように要約することができる。

　「司法書士等が、改正法の施行日前の取引の際に、改正前の犯罪収益移転防止法４条１項や２項の規定による確認（当該確認について確認記録の作成及び保存をしている場合におけるものに限る）を行っている顧客等との間で行う改正法施行日以後の取引（これに準ずるものとして政令で定める取引を含む）であって政令で定めるものについての改正後の犯罪収益移転防止法４条１項の規定の適用については、同項中「次に」とあるのは、「第二号から第四号までに」とする」

　司法書士が改正法の施行前に依頼者（顧客等）から依頼を受けて（特定取引を行って）、取引時確認を行って、確認記録を作成し、保存している場合に、同依頼者から改正法の施行後に再度の依頼を受けた際には、取引時確認として、本人特定事項以外の事項（取引を行う目的、職業と事業の内容、実質的支配者の本人特定事項）を確認することで足りるとするものである。こ

れが、当初の依頼も再度の依頼も、いずれも改正法の施行前や施行後であれば既に取引時確認を行っている顧客等との取引として取り扱う対象となるところ、司法書士にとっては、改正法の施行前の取引時確認と改正法の施行後の取引時確認の確認事項に差異（前者は本人特定事項のみの確認である）があるため、前者の取引時確認は後者の取引時確認には当たることはなく、同一の依頼者であっても、改正法の施行後に既に取引時確認を行っている顧客等との取引として取り扱うことはできない。そこで、改正後の通常の取引時確認として、本人特定事項や取引を行う目的、職業と事業の内容、実質的支配者の本人特定事項の全てを確認しなければならないが、このような場合には、既に本人特定事項の確認を行い、その確認記録を作成、保存しているならば、取引時確認において取引を行う目的、職業と事業の内容、実質的支配者の本人特定事項のみを確認することで足りるとされている。

なお、これは、改正法の施行前に依頼があって、取引時確認を行って、確認記録を作成し、保存している場合に、再度の依頼が、改正法の施行後にあった場合の取扱いであり、改正法の施行前に依頼があって、取引時確認を行って、確認記録を作成し、保存している場合に、その依頼に基づく特定受任行為の代理等（例えば、依頼を受けた登記の代理申請）が改正法の施行後であったとしても（再度の依頼があったわけではない）、取引を行う目的、職業と事業の内容、実質的支配者の本人特定事項を確認しなければならないとする趣旨ではないと考える。

附則8条1項の規定は、人格のない社団や財団ではない顧客

等（一般顧客等）に対して適用される。

⑵　政令の概要

　附則8条1項の規定は、改正法の施行日前の特定取引等の際に改正前の取引時確認を行っている一般顧客等について、その施行日後の特定取引等を行う（依頼を受ける）場合の当該取引に対して適用されるが、この取引には、これに準ずるものとして政令で定める取引が含まれる。

　それは、本人特定事項の確認を行っている一般顧客等との取引に準ずる取引であり、司法書士等（例えば、司法書士法人甲）が合併、事業譲渡その他これらに準ずるものにより他の司法書士等（例えば、被合併司法書士法人乙）の事業を承継した場合における当該司法書士等（甲）が一般顧客等との間で行う改正法の施行日以後の取引（依頼）のうち、当該他の司法書士等（乙）が当該一般顧客等との間で行った改正法の施行日前の取引（依頼）の際に取引時確認を行い、かつ、その確認について作成した確認記録を当該司法書士等（甲）が引き継いで、当該司法書士等（甲）が当該確認記録を保存している一般顧客等に係る取引である。

　この政令による「準ずる取引」は、前記1⑶の表中の2の取引と同じ構成を採っている。

　これにより、改正法の施行前の取引時確認をもって改正法の施行後の取引時確認において本人特定事項以外の事項の確認で足りるとする取扱いは、司法書士法人に合併のような事業承継があった場合にも適用させることができる。ただ、その適用を

133

受けることができる取引は政令で定められ、当該司法書士等
が、主務省令で定めるところにより、当該取引を行う一般顧客
等（今般の依頼者）が改正法の施行日前の取引（先般の依頼）の
際に取引時確認を行っている一般顧客等であることを確かめる
措置を採った取引でなければならない。「主務省令で定めると
ころにより」も、前記1⑷の既に取引時確認を行っている顧客
等であることを確かめる措置と同じ構成を採っている。

4 附則8条2項関係（改正法の施行前に取引時確認を 行っている特定社団等顧客等に関する経過措置）

改正法の施行前に取引時確認を行っている顧客等に関する経
過措置のうち、特定社団等顧客等に関するものは、次のとおり
規定されている。

●**附則8条2項**

> 2 司法書士等が、第二号施行日前の取引の際に旧犯罪収
> 益移転防止法第四条第五項の規定により読み替えて適用
> する同条第一項又は第二項の規定による確認（当該確認
> について犯罪収益移転防止法第六条の規定による確認記録の
> 作成及び保存をしている場合におけるものに限る。）を行っ
> ている犯罪収益移転防止法第二条第三項に規定する顧客
> 等（人格のない社団又は財団に限る。）との間で行う第二
> 号施行日以後の取引（これに準ずるものとして政令で定め

> る取引を含む。）であって政令で定めるものについての新
> 犯罪収益移転防止法第四条第一項の規定の適用について
> は、同条第五項（同条第一項に係る部分に限る。）の規定
> にかかわらず、同条第一項中「次に」とあるのは「第二
> 号及び第三号に」と、同項第三号中「当該顧客等が自然
> 人である場合にあっては職業、当該顧客等が法人である
> 場合にあっては事業の内容」とあるのは「事業の内容」
> とする。

　これは、顧客等が人格のない社団や財団（特定社団等顧客等）
である場合の経過措置で、前記3と同様に、改正法の施行前の
取引時確認をもって改正法の施行後の取引時確認において本人
特定事項以外の事項の確認で足りるとする取扱いが可能とな
り、また、合併のような事業承継があった場合にも準ずる取引
として適用させることができ（同政令附則3条1項）、その適用
を受けることができる取引も、当該司法書士等が、主務省令で
定めるところにより、当該取引を行う特定社団等顧客等（今般
の依頼者）が改正法の施行日前の取引（先般の依頼）の際に取
引時確認を行っている特定社団等顧客等であることを確かめる
措置を採った取引でなければならない（同政令附則3条2項）。
　なお、特定社団等顧客等に対して、この取扱いをする場合
は、改正法の施行日の取引（依頼）の際に行う取引時確認では、
取引を行う目的、事業の内容を確認することで足りる。

5　附則8条4項関係（改正法の施行前に取引時確認に相当する確認を行っている顧客等に関する経過措置）

経過措置には、前記2の「既に取引時確認を行っている顧客等との取引に相当する取引」に関するものも、次のとおり規定されている。

●附則8条4項

4　司法書士等が、第二号施行日前の取引の際に旧犯罪収益移転防止法第四条第一項又は第二項（これらの規定を同条第五項の規定により読み替えて適用する場合を含む。）の規定による確認（当該確認について犯罪収益移転防止法第六条の規定による確認記録の作成及び保存をしている場合におけるものに限る。）及び新犯罪収益移転防止法第四条第一項（第一号に係る部分を除き、同条第五項の規定により読み替えて適用する場合を含む。）又は第二項（同条第一項第一号に係る部分並びに資産及び収入の状況に係る部分を除き、同条第五項の規定により読み替えて適用する場合を含む。）の規定による確認に相当する確認（当該確認について犯罪収益移転防止法第六条第一項に規定する確認記録に相当する記録の作成及び保存をしている場合におけるものに限る。）を行っている犯罪収益移転防止法第二条第三項に規定する顧客等（国等（人格のない社団又は財団を除く。）

> を除く。）との間で行う第二号施行日以後の取引（これに
> 準ずるものとして政令で定める取引を含む。）であって政令
> で定めるものについては、新犯罪収益移転防止法第四条
> 第一項の規定は、適用しない。

　これは、「既に取引時確認を行っている顧客等との取引に相
当する取引」に対応して、改正法の施行日前に、（改正前の）
取引時確認や本人特定事項以外の事項の確認（目的等相当確認）
を行っている顧客等については、改正法の施行後の取引（依頼）
の際には、一定の措置を講じることで取引時確認を行う義務が
課せられないというものである。

　これは、その取引に準ずる取引にも適用され、㋐司法書士等
（甲）が合併、事業譲渡その他これらに準ずるものにより他の
司法書士等（乙）の事業を承継した場合における当該他の司法
書士等（乙）が改正法の施行前に取引時確認と目的等相当確認
を行っている場合（記録の作成、引継ぎについては前述のとおり）、
㋑同様に他の司法書士等（乙）の事業を承継した場合における
当該他の司法書士等（乙）が改正法の施行前に取引時確認を
行って（記録の作成、引継ぎについては前述のとおり）、更に、改
正法の施行前に当該司法書士等が目的等相当確認を行っている
場合、その（今般の）取引（甲が依頼を受ける取引）に適用され
る（同政令附則4条1項）。

　いずれも、当該司法書士等（甲）が、主務省令で定めるとこ
ろにより、当該取引を行う顧客等が改正法の施行前に取引時確
認（改正前の）及び目的等相当確認を行っている顧客等である

ことを確かめる措置を採った取引でなければならない（同政令附則4条2項）。

　そのほか、改正前の規定に準ずる確認を行っている場合の経過措置として、特定取引等の規定に準じて顧客等を特定するに足りる事項の確認を行い、かつ、当該確認に関する記録を作成してその保存をしている顧客等との取引についても、前記3と4と同様の扱いが許容される（附則5条、同政令附則5条）。

6　都度確認

　例えば、改正法の施行前に依頼者（顧客等）について（改正前に）取引時確認を行っている場合において、改正法の施行後の同人からの依頼の際には、本人特定事項以外の事項（取引を行う目的、職業又は事業の内容、実質的支配者の本人特定事項）を確認することで足りるとする経過措置の取扱いは義務ではなく、あくまでも、そのような取扱いも可能であるというものである。これは、前記1の「取引時確認を行っている顧客等との取引」の場合も同様である。

　そのため、顧客等、取引（依頼）の内容によっては、あえて本人特定事項を含む改正後の通常の取引時確認をすることが望ましい場合も考えられる。継続的顧客管理はリスクベース・アプローチの一環として極めて重要であり、正に、本来の確認を省略することができる場合であっても、個々のリスクに応じた対応として、依頼の都度、本人特定事項と取引を行う目的、職業や事業の内容及び実質的支配者の本人特定事項を確認するこ

とが有効であると考えられる。そうすることで、顧客等に関する情報を最新のものに更新し、リスクの特定、評価、そして低減につなげることで、実効性のあるマネー・ローンダリング等の対策に資するものとなる。

第 **3** 章

改正犯罪収益移転防止法の総まとめと
改正の前後で変わらない事項の概略

第1 犯罪収益移転防止法及び法改正の意義

　本書では、令和4年12月9日法律第97号「FATF勧告対応法」によって改正された犯罪収益移転防止法を取り上げ、司法書士の実務に関連の深い事項を中心に解説した。

　本章では、令和4年の改正の概要を総まとめし、そして、本書では詳しくは取り上げなかった犯罪収益移転防止法の全体像として、主に、改正の前後で変わらない事項について簡単に触れる。

　犯罪収益移転防止法は司法書士を含む特定事業者が守るべき重要な法令であり、その違反は、犯罪収益移転防止法の行政的な監督措置を受けるだけではなく、司法書士の場合には、法令違反として、司法書士法2条の職責（品位の保持）違反ともなり得る。

　司法書士事務所におけるマネー・ローンダリング等の対策は、まず法令である犯罪収益移転防止法を理解し、実践することが最低限必要である。その上で、リスクベース・アプローチの考え方を踏まえて、より望ましい対策を講じることが求められている。

　マネー・ローンダリング等の対策においてはリスクベース・アプローチの手法（考え方）が極めて有効であるという観点から、筆者は、他事業者の例を参考にしながら司法書士にとってのリスクベース・アプローチについて考えてきた（【登記情報】691号〜742号：「疑わしい取引」と司法書士―犯罪収益移転防止法

第3章 | 改正犯罪収益移転防止法の総まとめと改正の前後で変わらない事項の概略

に基づく「マネロン」対策の第2歩、第3歩へ―）。ただ、リスク
ベース・アプローチの手法（考え方）は、より望ましいという
意味において重要であるが、法令ではない。したがって、司法
書士のリスクベース・アプローチについて記述した、法務省・
日本司法書士会連合会「司法書士及び司法書士法人の業務のマ
ネー・ローンダリング及びテロ資金供与に関するガイドライ
ン」（令和6年4月1日）（以下「【司法書士ガイドライン】」とい
う）に沿わないことがあったとしても、犯罪収益移転防止法そ
の他の法令の違反がない限り、それだけで直ちに懲戒処分の責
任を問われることはないと考える。まず、犯罪収益移転防止法
その他の法令を理解し、遵守することを大前提に、さらに、よ
り実効性の高いマネー・ローンダリング等の対策を検討し、実
施するべきこととなる。もし、犯罪収益移転防止法や【司法書
士ガイドライン】がなかったとしても、司法書士がマネー・
ローンダリング等に故意で関与することは、懲戒の対象となる
ことはいうまでもないであろう。故意でない場合は、司法書士
が通常有すべき合理的な判断をもって疑わしいと認識するよう
な状況を見落としたときや、ほとんどマネー・ローンダリング
等の対策をとっていないようなときは別としても、依頼を受け
た案件が結果的にマネー・ローンダリング等であったとして
も、その結果だけをもって懲戒の対象になることはないと考え
る。通常有すべき合理的な判断であったかどうかについては、
その参考として、犯罪収益移転危険度調査書（第3の1⑶、【登
記情報】697号48頁）や【司法書士ガイドライン】等が参酌され
ることはあると思われるが、いずれにしても、リスクベース・

143

アプローチは、懲戒との関係ではなく、より効率的なマネー・ローンダリング等の対策との関係で意味をなすものであり、むしろ、一人一人の司法書士がマネロン事犯に巻き込まれないため、あるいは司法書士、司法書士制度を守るものとして捉えるべきであると考えている。

犯罪収益移転防止法が適用される業務の依頼を受ける際は、法令遵守の観点から、本人特定事項以外に、新たな確認事項である取引を行う目的、職業又は事業の内容、実質的支配者の本人特定事項を確認することは当然のことであるとしても（個人情報保護法の遵守もより重要となる）、本人特定事項のみならず、これら新たな確認事項はマネー・ローンダリング等の対策のためには極めて重要であり、これらの情報を基にその対策の実効性を向上させるものとなる。このように考えるならば、従来リスクに応じてこれらの情報を必要とすることもあったような場合、その確認が法改正後は義務になるということは、顧客等が取引時確認に係る事項を偽ることが禁止され（第3の2⑵参照）、そして、顧客等が取引時確認に応じないときは、応ずるまでは特定事業者は義務の履行を拒むことができるということであり（第3の2⑶参照）、むしろ、司法書士にとって有益な法改正であるとも捉えることが可能であり、令和4年の法改正を積極的にマネー・ローンダリング等の対策に生かすべきであろう。

第3章 | 改正犯罪収益移転防止法の総まとめと改正の前後で変わらない事項の概略

第2 令和4年の改正の概要

1 改正事項全般

令和4年の犯罪収益移転防止法の改正事項全般の概要は、第1章で解説している。

2 司法書士に関連する主な改正

(1) 取引を行う目的の確認

司法書士は、取引時確認の際には、従来の、顧客等の本人特定事項の確認に加えて、取引を行う目的を確認しなければならなくなった。取引を行う目的とは、その取引によって達成したい事柄のことをいい、例えば、売買による所有権移転登記手続の依頼であれば、「居住用」など、その売買の目的を確認する。

取引を行う目的は、当該顧客やその代表者等から申告を受ける方法をもって確認する。

詳細は、第2章第1の2で解説している。

(2) 職業と事業の内容の確認

司法書士は、取引時確認の際には、従来の、顧客等の本人特定事項の確認に加えて、顧客等の職業（自然人の場合）と事業

145

の内容（自然人以外の場合）を確認しなければならなくなった。職業とは自然人については日常従事する仕事等、事業の内容とは法人・団体については営利・非営利を問わずその目的を達成するためになされる行為全般を、例えば、自然人であれば、「会社役員・団体役員」「会社員・団体職員」など、法人・団体「製造業」「建設業」などが考えられる。

　職業は、当該顧客等やその代表者等から申告を受ける方法をもって確認するが（人格のない社団や財団である顧客等の場合も同様）、法人の事業の内容は、申告では足りず、定款や登記事項証明書などの書類等をもって確認する。

　詳細は、第2章第1の3で解説している。

⑶　実質的支配者の本人特定事項の確認

　司法書士は、取引時確認の際には、従来の、顧客等の本人特定事項の確認に加えて、当該顧客等が法人である場合には、その実質的支配者の本人特定事項を確認しなければならなくなった。実質的支配者とは、その事業経営を実質的に支配することが可能となる関係にあるものとして主務省令で定める者をいい、その者（自然人）の本人特定事項（氏名、住居及び生年月日）を確認することとなる。これは、マネー・ローンダリング等の対策においては、顧客等が法人である場合には、それは取引を行うための「器」にすぎず、議決権その他によって当該法人を支配する自然人にまで遡って確認することを意味している。顧客等である法人の実質的支配者を確認することは、マネー・ローンダリング等の対策の最も重要な基礎の一つである。

おおむね、株式会社などの資本多数決法人にあっては、ま
ず、総議決権の過半数を保有する自然人がいる場合は当該1名
が実質的支配者に該当し、それに該当する自然人がいない場合
は4分の1超の議決権を保有する自然人が該当し、それらの自
然人がいなければ当該法人の事業活動に支配的な影響力を有す
る自然人が該当し、その自然人もいなければ当該法人を代表
し、その業務を執行する自然人が実質的支配者に該当する。こ
こで、議決権の割合は、直接保有の割合と間接保有の割合を合
算して算定する。

一般社団・財団法人、学校法人などの資本多数決法人以外の
法人の実質的支配者については、おおむね、4分の1超の収益
等を受ける権利を有する自然人（他に2分の1超の収益等を受け
る権利を有する自然人がいるときは、当該2分の1超の自然人のみ
が該当する）と当該法人の事業活動に支配的な影響力を有する
と認められる自然人が該当し、それらの自然人がいなければ当
該法人を代表し、その業務を執行する自然人が実質的支配者に
該当する。

実質的支配者の本人特定事項は、当該法人である顧客等の代
表者等から申告を受ける方法をもって確認し、法人税申告書別
表二「同族会社の判定に関する明細書」などの書類（写し）の
提供を受けて確認することも有益であろう。

詳細は、第2章の4で解説している。

第3 令和4年の改正の前後で変わらない基本的な事項の概略

1 総則

(1) 法の目的

　この法律は、犯罪による収益が組織的な犯罪を助長するために使用されるとともに、これが移転して事業活動に用いられることにより健全な経済活動に重大な悪影響を与えるものであることなど、犯罪による収益の移転防止が極めて重要であることに鑑み、犯罪による収益の移転防止を図り、併せてテロリズムに対する資金供与の防止に関する国際条約等の的確な実施を確保し、もって国民生活の安全と平穏を確保するとともに、経済活動の健全な発展に寄与することを目的としている（犯罪収益移転防止法1条）。

(2) 定義

a 犯罪による収益

　「犯罪による収益」とは、組織的犯罪処罰法2条4項に規定する犯罪収益等又は麻薬特例法2条5項に規定する薬物犯罪収益等をいう（犯罪収益移転防止法2条1項（【登記情報】692号12頁））。

b　特定事業者

「特定事業者」とは、銀行、保険会社、貸金業者、資金移動業者、電子決済手段等取引業、暗号資産交換業者、商品先物取引業者、宅地建物取引業者、貴金属等売買業者など、犯罪収益移転防止法の適用（適用は一律ではない）を受ける事業者をいい、そのほか、弁護士（外国法事務弁護士を含む）や弁護士法人（外国法事務弁護士法人と弁護士・外国法事務弁護士共同法人を含む）、司法書士や司法書士法人、行政書士や行政書士法人、公認会計士（外国公認会計士を含む）や監査法人、税理士や税理士法人が含まれる（犯罪収益移転防止法2条2項）。

c　顧 客 等

「顧客等」とは、顧客とこれに準ずる者（信託の受益者など）をいう（犯罪収益移転防止法2条3項）。司法書士にとっては、通常、依頼者が顧客等に当たる。

⑶　国家公安委員会の責務等

国家公安委員会は、特定事業者に対し犯罪による収益の移転に係る手口に関する情報の提供その他の援助を行うとともに、犯罪による収益の移転防止の重要性について国民の理解を深めるよう努めること（犯罪収益移転防止法3条1項）、特定事業者により届け出られた疑わしい取引に関する情報などの情報を迅速かつ的確にその集約、整理及び分析を行うこと（同法3条2項）、毎年、犯罪による収益の移転に係る手口その他の犯罪による収益の移転の状況に関する調査及び分析を行った上で、特定事業者その他の事業者が行う取引の種別ごとに、当該取引に

よる犯罪収益の移転の危険性の程度その他の当該調査及び分析の結果を記載した犯罪収益移転危険度調査書を作成し、公表すること（同法3条3項）などが定められている。

【令和5年　犯罪収益移転危険度調査書（国家公安委員会）】
　http://www.npa.go.jp/sosikihanzai/jafic/nenzihokoku/
　risk051207.pdf

2　特定事業者による措置

(1)　取引時確認等

a　取引時確認

　特定事業者は、顧客等との間で、特定業務のうち特定取引を行うに際しては、主務省令で定める方法により、当該顧客等について、一定の事項の確認を行わなければならないとされている（犯罪収益移転防止法4条1項柱書）。これに基づく確認を、「取引時確認」という。

　司法書士にとっては、「特定業務のうち特定取引に当たる依頼を受けるに際しては、主務省令で定める方法により、当該依頼者について、一定の事項の確認を行わなければならない」という趣旨になる。

　確認しなければならない事項は、本人特定事項のほか、第2章で解説した取引を行う目的、職業と事業の内容、実質的支配者の本人特定事項であり、金融機関等は従来、これら全ての事項の確認の義務があったもので、令和4年の法改正によって司

法書士にも、これら全ての事項の確認の義務が課せられた。

　次の表は、取引時確認について、従来の事項と改正後の事項に関して、その要否や、確認する事項を整理したものである。

● 取引時確認の要否と確認事項の整理

依頼を受ける業務 顧客等 (依頼者)	Ⓐ宅地の売買による所有権移転登記手続	Ⓑ取締役・理事の選任の登記手続	Ⓒ抵当権抹消登記手続
❶自然人	取引時確認必要 ・本人特定事項 ・取引を行う目的 ・職業の内容		犯罪収益移転防止法の適用外
❷株式会社	取引時確認必要 ・本人特定事項 ・取引を行う目的 ・事業の内容 ・実質的支配者の本人特定事項（国等は自然人とみなされる）	取引時確認必要 ・本人特定事項 ・取引を行う目的 ・事業の内容 ・実質的支配者の本人特定事項（国等は自然人とみなされる）	犯罪収益移転防止法の適用外
❸学校法人	取引時確認必要 ・本人特定事項 ・取引を行う目的 ・事業の内容 ・実質的支配者の本人特定事項（国等は自然人とみなされる）	犯罪収益移転防止法の適用外	犯罪収益移転防止法の適用外
❹上場会社	取引時確認必要 ・代表者等の本人特定事項	取引時確認必要 ・代表者等の本人特定事項	犯罪収益移転防止法の適用外
❺人格のない社団又は財団	取引時確認必要 ・代表者等の本人特定事項 ・取引を行う目的 ・事業の内容		犯罪収益移転防止法の適用外

151

※業務に関して®と®は特定業務を意味している。ただし、依頼者❸にとって®は特定業務には当たらない（学校法人などは、次のbの(ⅲ)に該当する法人とはされていない）。依頼者❷は犯罪収益移転防止法施行令8条2項、3項所定の株式会社、持分会社、投資法人、特定非営利活動法人などを代表し、❸はそれら以外の法人を代表している。❹は❺を除く国等（第2章第1の6⑵）を代表している。

b 特定業務

司法書士の場合、司法書士法3条や29条（司法書士法施行規則31条）に定める業務やこれらに付随し、関連する業務のうち、顧客のためにする次に掲げる行為や手続についての代理や代行（特定受任行為の代理等）に係るものを「特定業務」という。

(ⅰ) 宅地や建物の売買に関する行為や手続

(ⅱ) 会社の設立や合併に関する行為や手続その他の政令で定める会社の組織、運営又は管理に関する行為や手続（設立、組織変更、合併、会社分割、株式交換又は株式移転、定款の変更、取締役の選任、代表取締役の選定など）（会社以外の法人、組合や信託であって政令で定めるものに係るこれらに相当するものとして政令で定める行為や手続（一般社団・財団法人（公益社団・財団法人も含む）などの設立、合併、定款の変更、理事の選任、代表理事の選定など）を含む）

(ⅲ) 現金、預金、有価証券その他の財産の管理や処分（成年後見人等としての業務は除かれる）

これらにより、宅地・建物の売買の登記手続に関する業務、会社の設立、一般社団法人の理事の選任などの登記手続に関する業務、財産管理業務が、司法書士にとっての特定業務に当た

第3章 | 改正犯罪収益移転防止法の総まとめと改正の前後で変わらない事項の概略

る（拙著『Q&A　司法書士のための犯罪収益移転防止法と本人確認の実務』（金融財政事情研究会、2019年）（以下「【本人確認】」という）第2章）。

特定業務と特定事業者の義務の範囲については、後掲する【参考資料Ⅱ】の図表も参考にしていただきたい。

　c　特定受任行為の代理等

司法書士の場合、特定業務に係る行為と手続を代理や代行することを「特定受任行為の代理等」という。

要するに、特定業務に係る登記手続を代理したり、財産を管理したりすることが司法書士にとっての特定受任行為の代理等となる。

　d　特定取引

司法書士の場合、特定受任行為の代理等を行うことを内容とする契約の締結を「特定取引」という。

特定業務に係る登記手続を代理したり、財産を管理したりする依頼を受けること（委任契約などを締結すること）が司法書士にとっての特定取引である。

そのため、司法書士は、特定業務に係る登記手続を代理したり、財産を管理したりする依頼を受ける際には、取引時確認を行わなければならないことになる。

　e　ハイリスク取引

ハイリスク取引の場合の確認については、第2章第1の5で取り上げている（【登記情報】703号78頁、【本人確認】第5章第2も参照）。

特定取引とハイリスク取引の関係については、後掲する参考

153

資料Ⅲの図表も参考にしていただきたい。

f　既に取引時確認を行っている顧客等との取引

既に取引時確認を行っている顧客等との取引については、第2章第2の1で取り上げている（【登記情報】709号47頁、【本人確認】第5章第1も参照）。

g　代表者等による取引

代表者等による取引については、第2章第1の6(1)で取り上げている（【登記情報】706号26頁、【本人確認】第3章第2も参照）。

h　顧客等が国等である場合

顧客等が国等である場合については、第2章第1の6で取り上げている（【登記情報】707号61頁も参照）。

i　本人特定事項、その確認方法

取引時確認において確認すべき本人特定事項は、司法書士にとっては、次のとおりである。

・自然人：氏名、住居、生年月日

・法　人：名称、本店や主たる事務所の所在地

そして、顧客等の本人特定事項の確認方法は犯罪収益移転防止法施行規則で定められている。主な方法は、次のとおりである（【登記情報】704号68頁も参照）。

・自然人である顧客等

　＊「当該顧客等又はその代表者等から当該顧客等の一定の本人確認書類の提示を受ける方法」……当該顧客等やその代表者等と対面し、運転免許証などの顔写真付きの公的書類（写真付本人確認書類）の提示を受けることで、顧客等の本

人特定事項の確認を行う方法（同規則6条1項1号イ）

[本人特定事項の確認の方法の一例]

＊「当該顧客等若しくはその代表者等から当該顧客等の一定の本人確認書類のうちいずれか2の書類の提示を受ける方法」……当該顧客等やその代表者等と対面し、住民票や国民健康保険の被保険者証などの顔写真のない公的書類の2点の提示を受けることで、顧客等の本人特定事項の確認を行う方法（同規則6条1項1号ハ）

[本人特定事項の確認の方法の一例]

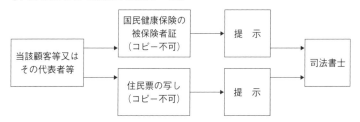

＊「当該顧客等又はその代表者等から当該顧客等の一定の本人確認書類の提示を受け、かつ、当該本人確認書類以外の本人確認書類若しくは補完書類又はその写しの送付を受ける方法」……当該顧客等やその代表者等と対面し、国民健康保険の被保険者証などの1点の提示を受け、更に、その国民健康保険の被保険者証など以外の本人確認書類や補完書類（これらの写しであっても可）の送付を受けることで、顧客等の本人特定事項の確認を行う方法（同規則6条1項

1号ニ)

[本人特定事項の確認の方法の一例]

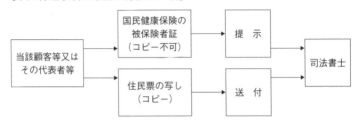

＊「非対面取引において、一定の処置を講ずるとともに、当該顧客等の住居に宛てて、取引関係文書を転送不要郵便物等として送付する方法」……当該顧客等やその代表者等から当該顧客等の本人確認書類の送付を受けることや、当該顧客等の本人確認書類(氏名、住居及び生年月日の情報が記録されている半導体集積回路が組み込まれたものに限る)に組み込まれた半導体集積回路に記録された当該情報や本人確認用画像情報(当該顧客等又はその代表者等に特定事業者が提供するソフトウェアを使用して撮影をさせた当該顧客等の本人確認書類の画像情報であって、当該本人確認書類に記載されている氏名、住居、生年月日、当該本人確認書類の厚みその他の特徴を確認することができるものをいう)の送信(当該本人確認用画像情報にあっては、当該ソフトウェアを使用した送信に限る)を受けた上で、当該本人確認書類に記載・当該情報に記録されている当該顧客等の住居に宛てて、取引関係文書を書留郵便等により、転送不要郵便物等として送付することで、顧客等の本人特定事項の確認を行う方法(同規則6条1項1号チ)

[本人特定事項の確認の方法の一例]

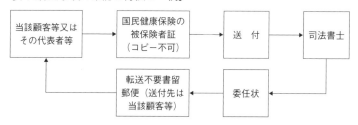

* 「非対面取引において、一定の処置を講ずるとともに、当該顧客等の住居に宛てて、取引関係文書を転送不要郵便物等として送付する方法」……当該顧客等やその代表者等から当該顧客等の現在の住居の記載がある本人確認書類のいずれか2点の書類の写しの送付を受けること、当該顧客等の本人確認書類の写しと当該顧客等の現在の住居の記載がある補完書類やその写しの送付を受けるとともに、当該本人確認書類の写しと当該補完書類やその写しに記載されている当該顧客等の住居に宛てて、取引関係文書を書留郵便等により、転送不要郵便物等として送付することで、顧客等の本人特定事項の確認を行う方法(同規則6条1項1号リ)

[本人特定事項の確認の方法の一例]

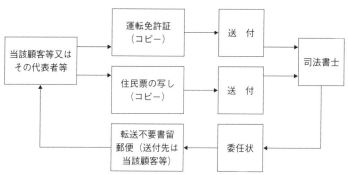

・法人である顧客等
　＊「当該法人の代表者等から一定の本人確認書類の提示を受ける方法」……当該法人の代表者等と対面し、当該法人の登記事項証明書、印鑑証明書などの提示を受けることで、顧客等の本人特定事項の確認を行う方法（同規則6条1項3号イ）

［本人特定事項の確認の方法の一例］

　＊「当該法人の代表者等から法人の名称及び本店等の所在地の申告を受け、かつ、一般社団法人民事法務協会が運営する登記情報提供サービスから登記情報の送信を受ける方法」……当該法人の代表者等から当該顧客等の名称と本店や主たる事務所の所在地の申告を受け、かつ、一般社団法人民事法務協会（電気通信回線による登記情報の提供に関する法律に規定する指定法人）が運営する登記情報提供サービスから登記情報の送信を受けることで、顧客等の本人特定事項の確認を行う方法（同規則6条1項3号ロ）

[本人特定事項の確認の方法の一例]

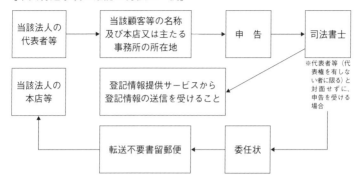

* 「非対面取引において、当該法人の代表者等から本人確認書類又はその写しの送付を受けるとともに、当該本人確認書類又はその写しに記載されている当該顧客等の本店等に宛てて、取引関係文書を書留郵便等により、転送不要郵便物等として送付する方法」……法人が顧客である場合に、その代表者等と対面しない場合の方法であり、当該法人の代表者等から本人確認書類（写しも可）の送付を受けるとともに、当該本人確認書類又はその写しに記載されている当該顧客等の本店等に宛てて、取引関係文書を書留郵便等により、転送不要郵便物等として送付することで、顧客等の本人特定事項の確認を行う方法（同規則6条1項3号ニ）

[本人特定事項の確認の方法の一例]

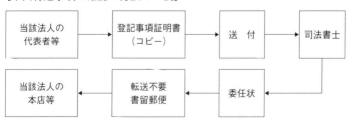

⑵ 取引時確認に係る事項の偽りの禁止

　顧客等や代表者等は、特定事業者が取引時確認を行う場合において、当該特定事業者に対して、当該取引時確認に係る事項を偽ってはならないと定められている（犯罪収益移転防止法4条6項、【本人確認】第6章第2も参照）。

⑶ 特定事業者の免責

　特定事業者は、顧客等や代表者等が特定取引等を行う際に取引時確認に応じないときは、当該顧客等や代表者等がこれに応ずるまでの間、当該特定取引等に係る義務の履行を拒むことができる（犯罪収益移転防止法5条、【本人確認】第6章第2も参照）。

　司法書士には、依頼に応ずる義務（司法書士法21条）があり、正当な事由がある場合でなければ依頼（簡裁訴訟代理等関係業務に関するものを除く）を拒むことができないところ、「正当な事由」には、依頼者が犯罪収益移転防止法4条に規定する取引時確認等に応じないとき等も含まれると解されている（小林昭彦・河合芳光・村松秀樹編著『注釈　司法書士法（第4版）』（テイハン、2022年）236頁）。

⑷ 確認記録の作成義務等

　特定事業者は、取引時確認を行った場合には、直ちに、主務省令で定める方法により、当該取引時確認に係る事項、当該取引時確認のために採った措置その他の事項に関する記録（確認

記録）を作成しなければならず、確認記録は、特定取引等に係る契約が終了した日から、7年間保存しなければならない（犯罪収益移転防止法6条）。

司法書士にとっては以前の本人確認記録に相当するが、令和4年の法改正後は、取引を行う目的、職業又は事業の内容、実質的支配者の本人特定事項に関する事項も記録しなければならない（【登記情報】711号39頁、【本人確認】第4章第1も参照）。

(5) 取引記録等の作成義務等

司法書士は、特定受任行為の代理等を行った場合には、直ちに、顧客等の確認記録を検索するための事項、当該特定受任行為の代理等を行った期日と内容その他の事項に関する記録を作成しなければならず（犯罪収益移転防止法7条2項）、その記録（取引記録等）は、当該特定受任行為の代理等の行われた日から7年間保存しなければならない。

これにより、司法書士にとっての取引記録等とは、現に行った特定受任行為の代理等に関する記録を意味し、確認記録が主に顧客等の属性を記録するものに対し、その依頼に基づいて現に行った登記手続等の内容等を記録するものとなる（【登記情報】716号44頁、【本人確認】第4章第2も参照）。

(6) 疑わしい取引の届出等

従来、疑わしい取引の届出は、金融機関等に課せられ、特定業務に係る取引について、当該取引において収受した財産が犯罪による収益である疑いがあるかどうか、又は顧客等が当該取

引に関し組織的犯罪処罰法10条の罪や麻薬特例法6条の罪（【登記情報】692号12頁）に当たる行為をしている疑いがあるかどうかを判断し、これらの疑いがあると認められる場合においては、速やかに、政令で定めるところにより、政令で定める事項を行政庁に届け出なければならないとされている（【登記情報】693号22頁、694号37頁、695号71頁、696号40頁も参照）。

　令和4年の改正で犯罪収益移転防止法8条が改正され（第1章第1の1参照）、疑わしい取引の届出の行政書士等、公認会計士等、税理士等（行政書士や行政書士法人、公認会計士（外国公認会計士を含む）や監査法人、税理士や税理士法人）に対する義務化は、司法書士に対して適用されたものではないものの、マネー・ローンダリング等の対策、リスクベース・アプローチの考え方にとっては参考になると思われることから、簡単に言及しておく。法改正によって、行政書士等、公認会計士等及び税理士等は、特定受任行為の代理等に関して、疑わしい取引と同様に、その疑いがあるかどうかを判断し、これらの疑いがあると認められる場合においては行政庁に届け出なければならないとされたが、それら士業には、それぞれ根拠法で守秘義務が定められていることから守秘義務に関する規定により漏らしてはならないこととされる事項が含まれる場合は、届け出る義務は課せられない。

　司法書士には、法改正後も、法令による疑わしい取引の届出の義務は課せられないが、司法書士制度において自治的な対応として、各司法書士会の会則が改正され、「会員は、犯収法別表（第4条関係）に規定する特定受任行為の代理等の依頼を受

第3章 ┃ 改正犯罪収益移転防止法の総まとめと改正の前後で変わらない事項の概略

けた後に、当該依頼が犯罪による収益の移転を目的とするもの
その他これに準ずるものとして規則で定めるものと認めて辞任
した場合であって、法第24条の規定により漏らしてはならない
こととされる事項に該当せず、かつ、依頼者との信頼関係を害
するおそれがないと認めるときは、連合会が定める第6号様式
により、次に掲げる事項に関する特別事件報告書を会長に提出
しなければならない」などとされた。

⑺ 取引時確認等を的確に行うための措置

　特定事業者は、取引時確認、取引記録等の保存、疑わしい取
引の届出等の措置（取引時確認等の措置）を的確に行うため、
当該取引時確認をした事項に係る情報を最新の内容に保つため
の措置を講ずる義務を負っている（犯罪収益移転防止法11条柱書
前半）。また、特定事業者は、使用人に対する教育訓練の実施、
取引時確認等の措置の実施に関する規程の作成、取引時確認等
の措置の的確な実施のために必要な監査その他の業務を統括管
理する者の選任などの措置を講ずるように努めなければならな
いとされている（同法11条柱書前後半、各号）（【登記情報】711号
37頁、718号32頁、719号66頁も参照）。

3 監督と罰則

⑴ 報　　告

　行政庁は、犯罪収益移転防止法の施行に必要な限度におい

て、特定事業者に対しその業務に関して報告又は資料の提出を求めることができる（犯罪収益移転防止法15条）。司法書士にとっての行政庁は法務大臣であり（同法22条1項17号）、法務大臣の権限は、その事務所の所在地を管轄する法務局や地方法務局の長に委任（法務大臣が自らその権限を行使することを妨げない）するとされている（犯罪収益移転防止法施行令35条）（【本人確認】第8章も参照）。

　そのほか、行政庁による立入検査（同法16条）、指導、助言、勧告（同法17条）、そして、是正命令（同法18条）や、国家公安委員会の意見の陳述（同法19条1項）が規定されている。

(2)　罰　　則

・是正命令違反……2年以下の懲役・300万円以下の罰金かその併科（法人の代表者、従業員等によるときは当該法人に3億円以下の罰金）（犯罪収益移転防止法25条、31条）
・報告や資料の提出等の違反、立入検査の拒否等……1年以下の懲役・300万円以下かその併科（法人の代表者、従業員等によるときは当該法人に2億円以下の罰金）（同法26条、31条）
・顧客等や代表者等の本人特定事項を隠蔽する目的で、前記2(2)に違反する行為（当該顧客等や代表者等の本人特定事項に係るものに限る）……1年以下の懲役・100万円以下の罰金かその併科（法人の代表者、従業員等によるときは当該法人に100万円以下の罰金）（同法27条、31条）

第3章 | 改正犯罪収益移転防止法の総まとめと改正の前後で変わらない事項の概略

【参考資料Ⅰ】

● 概　　要

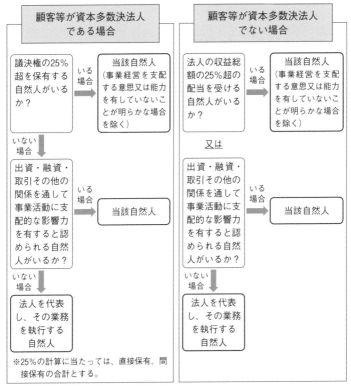

出典：【概要】30頁

　なお、議決権の25％超を保有する自然人（図左）、法人の収益総額の25％超の配当を受ける自然人（図右）のうち、議決権の50％超を保有する自然人、法人の収益総額の50％超の配当を受ける自然人がいるときは、その50％超を保有する・50％超の配当を受ける自然人のみが実質的支配者に該当する。

【参考資料Ⅱ】

● 概　　要

《特定事業者の義務の範囲》

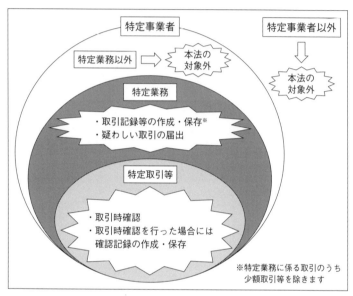

出典：【概要】17頁別表5

第3章 | 改正犯罪収益移転防止法の総まとめと改正の前後で変わらない事項の概略

【参考資料Ⅲ】

● 概　　要

《特定取引とハイリスク取引の関係》

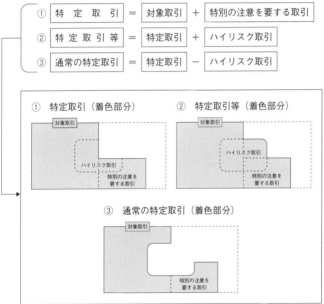

出典：【概要】18頁別表6

【参考資料Ⅳ】

●犯罪収益移転防止法4条に係るチェックシート（令和6年（2024年）3月7日日司連発第2056号）

[不動産登記に関する業務]

チェックシート（不動産登記用）

お手数ですが、太枠内に自署にてご記入・チェック☑ください。

		記入日：□西暦 □令和　　　年　　　月　　　日						
		申告を受けた日付（確認を行った日付）□西暦 □令和　　　年　　　月　　　日						
お名前 又は 商号・名称		（フリガナ）						
		（名称）						
住所 又は 所在地		〒　　　－		生年月日 ※個人の場合	□西暦 □大正 □昭和 □平成 □令和 　　　年　　　月　　　日			
A	取引目的	取引目的に当てはまるものを以下から選択してください※。（※複数回答可） 【売主】 □1．融資返済資金の調達　□2．住み替え資金の調達　□3．事業資金の捻出 □4．生活資金の確保　□5．他の資産（不動産・有価証券等）への投資 □6．相続・事業承継対策　□7．財務体質の改善　□8．資産整理 □9．その他（　　　　　　　　　　　　　　　　　　　　　　　　　） 【買主】 □1．居住用　□2．事業用　□3．賃貸用　□4．開発用　□5．相続・事業承継対策 □6．別荘・セカンドハウス　□7．転売用　□8．投資用 □9．その他（　　　　　　　　　　　　　　　　　　　　　　　　　）						
B	個人	職業 □会社役員・団体役員　□会社員・団体職員　□公務員　□自営業　□学生　□無職 □その他（　　　　　　　　　　　　　　　　　　　　　　　　　）						
	法人	事業内容 主たる事業内容を以下から選択してください※。（※複数回答可） ※「その他」の場合はカッコ内にご記入ください。 □農業・林業・漁業　　　　□建設業　　　　　　　　□製造業 □情報通信業　　　　　　　□運輸業　　　　　　　　□卸売業 □小売業（貴金属/宝石）　□小売業（除く貴金属/宝石）□金融業/保険業 □不動産業　　　　　　　　□サービス業　　　　　　□飲食業 □コンサルティング業　　　□その他（　　　　　　　　　　　　　　）						
		「具体的な事業・業務内容」を下記にご記入ください。 また、上記以外の事業を営んでいる場合は全てご記入ください。						

168

第3章 │ 改正犯罪収益移転防止法の総まとめと改正の前後で変わらない事項の概略

		実質的支配者に該当する方について太線枠内にご申告ください。				
C	実質的支配者①	個人・法人等の別： □ 個人　　□ 上場企業等　　□ 国、地方公共団体等				
		（フリガナ）			議決権の割合	
		（おなまえ）			直接	間接
		（生年月日）大・昭・平・令　　年　　月　　日			％	％
		（おところ）〒　　　　－				
		前記実質的支配者と貴社・貴法人との関係を①〜③より選択、ご記入ください				
		□① A 直接又は間接に議決権25%超を保有する個人 　　　　□直接保有のみ　　□間接保有あり 　　 B 事業収益・財産の25%超の配当・分配を受ける個人 □②出資、融資、取引その他の関係を通じ、事業活動に支配的な影響力を有する個人 　　　　□大口債権者　□会長　□創業者　□その他（　　　　　　　　　　　） □③代表権を有する個人				
	実質的支配者②	個人・法人等の別： □ 個人　　□ 上場企業等　　□ 国、地方公共団体等				
		（フリガナ）			議決権の割合	
		（おなまえ）			直接	間接
		（生年月日）大・昭・平・令　　年　　月　　日			％	％
		（おところ）〒　　　　－				
		前記実質的支配者と貴社・貴法人との関係を①〜③より選択、ご記入ください				
		□① A 直接又は間接に議決権25%超を保有する個人 　　　　□直接保有のみ　　□間接保有あり 　　 B 事業収益・財産の25%超の配当・分配を受ける個人 □②出資、融資、取引その他の関係を通じ、事業活動に支配的な影響力を有する個人 　　　　□大口債権者　□会長　□創業者　□その他（　　　　　　　　　　　） □③代表権を有する個人				
	実質的支配者③	個人・法人等の別： □ 個人　　□ 上場企業等　　□ 国、地方公共団体等				
		（フリガナ）			議決権の割合	
		（おなまえ）			直接	間接
		（生年月日）大・昭・平・令　　年　　月　　日			％	％
		（おところ）〒　　　　－				
		前記実質的支配者と貴社・貴法人との関係を①〜③より選択、ご記入ください				
		□① A 直接又は間接に議決権25%超を保有する個人 　　　　□直接保有のみ　　□間接保有あり 　　 B 事業収益・財産の25%超の配当・分配を受ける個人 □②出資、融資、取引その他の関係を通じ、事業活動に支配的な影響力を有する個人 　　　　□大口債権者　□会長　□創業者　□その他（　　　　　　　　　　　） □③代表権を有する個人				

169

［商業・法人登記に関する業務］

チェックシート（商業登記用）

お手数ですが、太枠内に自署にてご記入・チェック☑ください。

		記入日：□西暦 □令和		年	月	日	
		申告を受けた日付（確認を行った日付）□西暦 □令和		年	月	日	
お名前 又は 商号・名称		（フリガナ）					
		（名称）					
住所 又は 所在地		〒　　－ 		生年月日 ※個人の場合	□西暦 □大正 □昭和 □平成 □令和 年　　　月　　　日		

A	取引目的	取引目的に当てはまるものを以下から選択してください※。 □会社設立 　　□創業　□法人成り　□業務拡大　□子会社の設立（分社化） 　　□持株会社の設立（ホールディングス） 　　□その他（　　　　　　　　　　　　　　　　　　　　　　　　　） □会社再編（□組織変更　□合併　□会社分割　□株式交換又は株式移転） 　　□業務拡大　□業務縮小　□事業承継　□経営の合理化　□グループ再編　□M＆A 　　□その他（　　　　　　　　　　　　　　　　　　　　　　　　　） □定款の変更 　　□業務拡大　□業務縮小　□経営の合理化　□ガバナンス強化 　　□その他（　　　　　　　　　　　　　　　　　　　　　　　　　） □役員等の選任 　　□業務拡大　□事業承継　□任期満了による改選　□役員の補充 　　□その他（　　　　　　　　　　　　　　　　　　　　　　　　　） □その他（　　　　　　　　　　　　　　　　　　　　　　　　　） ※複数回答可
B	個人	職業 □会社役員・団体役員　　□会社員・団体職員　　□公務員　　□自営業 □その他（　　　　　　　　　　　　　　　　　　　　　　　　　）
	法人	事業内容 主たる事業内容を以下から選択してください※。（※複数回答可） ※「その他」の場合はカッコ内にご記入ください。 □農業・林業・漁業　　　　□建設業　　　　　　　　　　□製造業 □情報通信業　　　　　　　□運輸業　　　　　　　　　　□卸売業 □小売業（貴金属/宝石）　□小売業（除く貴金属/宝石）　□金融業/保険業 □不動産業　　　　　　　　□サービス業　　　　　　　　□飲食業 □コンサルティング業　　　□その他（　　　　　　　　　　　　　　　　　）
		「具体的な事業・業務内容」を下記にご記入ください。 また、上記以外の事業を営んでいる場合は全てご記入ください。

第3章 | 改正犯罪収益移転防止法の総まとめと改正の前後で変わらない事項の概略

C	実質的支配者①	実質的支配者に該当する方について太線枠内にご申告ください。			

実質的支配者①

個人・法人等の別： □ 個人　□ 上場企業等　□ 国、地方公共団体等

（フリガナ）		議決権の割合	
（おなまえ）		直接	間接
（生年月日）大・昭・平・令　　年　　月　　日		％	％

（おところ）〒　　　　－

前記実質的支配者と貴社・貴法人との関係を①〜③より選択、ご記入ください

□① A 直接又は間接に議決権25％超を保有する個人
　　　　□直接保有のみ　　□間接保有あり
　　　 B 事業収益・財産の25％超の配当・分配を受ける個人
□②出資、融資、取引その他の関係を通じ、事業活動に支配的な影響力を有する個人
　　□大口債権者 □会長 □創業者 □その他（　　　　　　　　　　　）
□③代表権を有する方

実質的支配者②

個人・法人等の別： □ 個人　□ 上場企業等　□ 国、地方公共団体等

（フリガナ）		議決権の割合	
（おなまえ）		直接	間接
（生年月日）大・昭・平・令　　年　　月　　日		％	％

（おところ）〒　　　　－

前記実質的支配者と貴社・貴法人との関係を①〜③より選択、ご記入ください

□① A 直接又は間接に議決権25％超を保有する個人
　　　　□直接保有のみ　　□間接保有あり
　　　 B 事業収益・財産の25％超の配当・分配を受ける個人
□②出資、融資、取引その他の関係を通じ、事業活動に支配的な影響力を有する個人
　　□大口債権者 □会長 □創業者 □その他（　　　　　　　　　　　）
□③代表権を有する方

実質的支配者③

個人・法人等の別： □ 個人　□ 上場企業等　□ 国、地方公共団体等

（フリガナ）		議決権の割合	
（おなまえ）		直接	間接
（生年月日）大・昭・平・令　　年　　月　　日		％	％

（おところ）〒　　　　－

前記実質的支配者と貴社・貴法人との関係を①〜③より選択、ご記入ください

□① A 直接又は間接に議決権25％超を保有する個人
　　　　□直接保有のみ　　□間接保有あり
　　　 B 事業収益・財産の25％超の配当・分配を受ける個人
□②出資、融資、取引その他の関係を通じ、事業活動に支配的な影響力を有する個人
　　□大口債権者 □会長 □創業者 □その他（　　　　　　　　　　　）
□③代表権を有する方

[財産管理に関する業務]

チェックシート（財産管理用）

お手数ですが、太枠内に自署にてご記入・チェック☑ください。

		記入日：□西暦 □令和	年	月	日		
		申告を受けた日付（確認を行った日付）□西暦 □令和	年	月	日		
お名前 又は 商号・名称		（フリガナ）					
		（名称）					
住所 又は 所在地		〒　－	生年月日 ※個人の場合	□西暦 □大正 □昭和 □平成 □令和 年　　　月　　　日			

A	取引目的	取引目的に当てはまるものを以下から選択してください。 □遺産承継　　□身上保護　　□不動産の管理　　□信託 □その他（　　　　　　　　　　　　　　　　　　　　　　　　）
B	個人	職業 □会社役員・団体役員　　□会社員・団体職員　　□公務員　　□自営業 □その他（　　　　　　　　　　　　　　　　　　　　　　　　）
	法人	事業内容 主たる事業内容を以下から選択してください※。（※複数回答可） ※「その他」の場合はカッコ内にご記入ください。 □農業・林業・漁業　　　　　□建設業　　　　　　　　□製造業 □情報通信業　　　　　　　　□運輸業　　　　　　　　□卸売業 □小売業（貴金属/宝石）　　□小売業（除く貴金属/宝石）　□金融業/保険業 □不動産業　　　　　　　　　□サービス業　　　　　　□飲食業 □コンサルティング業　　　　□その他（　　　　　　　　　　　　　　　） 「具体的な事業・業務内容」を下記にご記入ください。 また、上記以外の事業を営んでいる場合は全てご記入ください。
C	実質的支配者①	実質的支配者に該当する方について太線枠内にご申告ください。 個人・法人等の別：　□個人　　□上場企業等　　□国、地方公共団体等

			議決権の割合	
	（フリガナ）		直接	間接
	（おなまえ）			
	（生年月日）大・昭・平・令　　年　　月　　日		％	％
	（おところ）〒　－			

前記実質的支配者と貴社・貴法人との関係を①～③より選択、ご記入ください

□① 　A 　直接又は間接に議決権25%超を保有する個人
　　　　　□直接保有のみ　　□間接保有あり
　　　B 　事業収益・財産の25%超の配当・分配を受ける個人
□②出資、融資、取引その他の関係を通じ、事業活動に支配的な影響力を有する個人
　　□大口債権者　□会長　□創業者　□その他（　　　　　　　　　　　　　　）
□③代表権を有する方

第3章 | 改正犯罪収益移転防止法の総まとめと改正の前後で変わらない事項の概略

実質的支配者②	個人・法人等の別： □ 個人　　□ 上場企業等　　□ 国、地方公共団体等	
	(フリガナ)	議決権の割合
	(おなまえ)	直接 ｜ 間接
	(生年月日) 大・昭・平・令　　年　　月　　日	％ ｜ ％
	(おところ) 〒　　　　－	
	前記実質的支配者と貴社・貴法人との関係を①～③より選択、ご記入ください	
	□①　A　直接又は間接に議決権25%超を保有する個人 　　　　　□直接保有のみ　　□間接保有あり 　　　B　事業収益・財産の25%超の配当・分配を受ける個人 □②出資、融資、取引その他の関係を通じ、事業活動に支配的な影響力を有する個人 　　　□大口債権者　□会長　□創業者　□その他（　　　　　　　　　　　　） □③代表権を有する方	
実質的支配者③	個人・法人等の別： □ 個人　　□ 上場企業等　　□ 国、地方公共団体等	
	(フリガナ)	議決権の割合
	(おなまえ)	直接 ｜ 間接
	(生年月日) 大・昭・平・令　　年　　月　　日	％ ｜ ％
	(おところ) 〒　　　　－	
	前記実質的支配者と貴社・貴法人との関係を①～③より選択、ご記入ください	
	□①　A　直接又は間接に議決権25%超を保有する個人 　　　　　□直接保有のみ　　□間接保有あり 　　　B　事業収益・財産の25%超の配当・分配を受ける個人 □②出資、融資、取引その他の関係を通じ、事業活動に支配的な影響力を有する個人 　　　□大口債権者　□会長　□創業者　□その他（　　　　　　　　　　　　） □③代表権を有する方	

173

【参考資料Ⅴ】

● **資本多数決法人の実質的支配者（犯収法施行規則11条 2 項 1 号のものを中心に）**

① 顧客等（依頼者）は甲株式会社とし、その発行済み株式の総数は100株とする（株式の議決権の制限はないものとする。）。

② 乙株式会社以下の株式会社その他の法人は、甲株式会社の株主、又は甲株式会社の株主の株主であり、各株式会社の発行済み株式の総数は100株とする（いずれの株式も議決権の制限はないものとする。）。

③ 括弧内の株数は自ら株主として、その保有する当該被保有株式会社の株式の数とする。

④ 甲株式会社以下の株式会社その他の法人は、国等（第 2 章第 1 の 4 ⒀）に該当しないものとする（該当する場合は、当該国等を自然人とみなして、実質的支配者としての該当性を判断する。）。

	甲株式会社の株主	左欄の株式会社の株主	左欄の株式会社の株主	犯収法施行規則11条2項1号の実質的支配者該当性	顧客等に対する議決権の割合（犯収法施行規則）	備　考
〔1〕	A氏（100株）			◎	100	
〔2〕	A氏（50株）			◎	50	・25%超のB氏は50%超の他の自然人の存在により非該当
	B氏（50株）			◎	50	
〔3〕	A氏（51株）			◎	51	
	B氏（49株）			×	49	
〔4〕	A氏（34株）			◎	34	
	B氏（33株）			◎	33	
	C氏（33株）			◎	33	
〔5〕	A氏（49株）			◎	49	
	B氏（26株）			◎	26	
	C氏（25株）			×	25	
〔6〕	A氏（25株）			×	25	・甲株式会社について犯収法施行規則11条2項2号以下の実質的支配者を検討（以下、「2号以
	B氏（25株）			×	25	
	C氏（25株）			×	25	

第3章 | 改正犯罪収益移転防止法の総まとめと改正の前後で変わらない事項の概略

	D氏 (25株)		×	25	下の実質的支配者を検討」とする。)
[7]	A氏 (30株)		◎	30	
	B氏 (30株)		◎	30	
	C氏 (30株)		◎	30	
	D氏 (10株)		×	10	
[8]	乙株式会社 (100株)	A氏 (100株)	◎	100	・A氏にとって乙株式会社は支配法人 (第2章第1の4⑿)
[9]	乙株式会社 (100株)	A氏 (50株)	×	0	・A氏、B氏にとって支配法人は不存在 ・甲株式会社について2号以下の実質的支配者を検討
		B氏 (50株)	×	0	
[10]	乙株式会社 (100株)	A氏 (51株)	◎	100	・A氏にとって乙株式会社は支配法人
		B氏 (49株)	×	0	
[11]	乙株式会社 (100株)	A氏 (34株)	×	0	・A氏、B氏、C氏にとって支配法人は不存在 ・甲株式会社について2号以下の実質的支配者を検討
		B氏 (33株)	×	0	
		C氏 (33株)	×	0	
[12]	乙株式会社(50株)	A氏 (100株)	◎	50	・A氏にとって乙株式会社は支配法人
	B氏 (50株)		◎	50	
[13]	乙株式会社(50株)	A氏 (51株)	◎	50	・A氏にとって乙株式会社は支配法人
		C氏 (49株)	×	0	
	B氏 (50株)		◎	50	
[14]	乙株式会社(50株)	A氏 (50株)	×	0	・A氏、C氏にとって支配法人は不存在
		C氏 (50株)	×	0	
	B氏 (50株)		◎	50	
[15]	乙株式会社(51株)	A氏 (100株)	◎	51	・A氏にとって乙株式会社は支配法人 ・25%超のB氏は50%超の他の自然人の存在により非該当
	B氏 (49株)		×	49	
[16]	乙株式会社(51株)	A氏 (51株)	◎	51	・A氏にとって乙株式会社は支配法人 ・25%超のB氏は50%超の他の自然人の存在により非該当
		C氏 (49株)	×	0	
	B氏 (49株)		×	49	

[17]	乙株式会社(51株)	A氏（50株）		×	0	・A氏、C氏にとって支配法人は不存在
		C氏（50株）		×	0	
	B氏（49株）			◎	49	
[18]	乙株式会社(49株)	A氏（100株）		×	49	・A氏にとって乙株式会社は支配法人
						・25%超のA氏は50%超の他の自然人の存在により非該当
	B氏（51株）			◎	51	
[19]	乙株式会社(49株)	A氏（51株）		×	49	・A氏にとって乙株式会社は支配法人
		C氏（49株）		×	0	・25%超のA氏は50%超の他の自然人の存在により非該当
	B氏（51株）			◎	51	
[20]	乙株式会社(49株)	A氏（50株）		×	0	・A氏、C氏にとって支配法人は不存在
		C氏（50株）		×	0	
	B氏（51株）			◎	51	
[21]	乙株式会社(38株)	A氏（100株）		◎	38	・A氏にとって乙株式会社は支配法人、E氏にとって丙株式会社は支配法人、G氏にとって丁株式会社は支配法人
	丙株式会社(38株)	E氏（100株）		◎	38	
	丁株式会社(24株)	G氏（100株）		×	24	
[22]	乙株式会社(34株)	A氏（50株）		×	0	・E氏にとって丙株式会社は支配法人
		B氏（50株）		—	0	
	丙株式会社(33株)	E氏（51株）		◎	33	
		F氏（49株）		×	0	
	B氏（33株）			◎	33	
[23]	乙株式会社(25株)	A氏（100株）		×	25	・A氏、E氏、G氏、H氏にとって支配法人は不存在
	丙株式会社(25株)	E氏（100株）		×	25	・甲株式会社について2号以下の実質的支配者を検討
	丁株式会社(25株)	G氏（100株）		×	25	
	戊株式会社(25株)	H氏（100株）		×	25	
[24]	乙株式会社(26株)	A氏（100株）		◎	26	・A氏にとって乙株式会社は支配法人、E氏にとって丙株式会社は支配法人、G氏にとって丁株式会社は支配法人、H氏にとって戊株式会社は支配法人
	丙株式会社(25株)	E氏（100株）		×	25	
	丁株式会社(25株)	G氏（100株）		×	25	
	戊株式会社(24株)	H氏（100株）		×	24	

[25]	A氏（24株）			○	24	・A氏にとって乙株式会社は支配法人
	B氏（27株）			◎	27	
	C氏（24株）			×	24	・A氏は24％＋25％＝49％をもって該当
	乙株式会社（25株）	A氏（100株）		○	25	
[26]	A氏（26株）			○	26	・A氏にとって乙株式会社は支配法人
	B氏（26株）			×	26	・A氏は26％＋25％＝51％をもって該当
	C氏（23株）			×	23	・25％超のB氏は50％超の他の自然人の存在により非該当
	乙株式会社（25株）	A氏（100株）		○	25	
[27]	A氏（24株）			○	24	・A氏にとって乙株式会社は支配法人
	B氏（27株）			◎	27	
	C氏（24株）			×	24	・A氏は24％＋25％＝49％をもって該当
	乙株式会社（25株）	A氏（51株）		○	25	
		D氏（49株）		×	0	
[28]	A氏（24株）			×	24	・D氏にとって乙株式会社は支配法人
	B氏（27株）			◎	27	
	C氏（24株）			×	24	・A氏は24％＋0％＝24％をもって非該当
	乙株式会社（25株）	A氏（49株）		×	0	
		D氏（51株）		×	25	
[29]	A氏（24株）			×	24	・A氏、D氏にとって支配法人は不存在
	B氏（27株）			◎	27	
	C氏（24株）			×	24	・A氏は24％＋0％＝24％をもって非該当
	乙株式会社（25株）	A氏（50株）		×	0	
		D氏（50株）		×	0	
[30]	乙株式会社（15株）	A氏（51株）		○	15	・A氏にとって乙株式会社、丁株式会社は支配法人、C氏にとって丙株式会社は支配法人
		C氏（49株）		×	0	
	丙株式会社（15株）	A氏（49株）		○	0	
		C氏（51株）		×	15	
	D氏（21株）			×	21	・A氏は15％＋0％＋16％＝31％をもって該当
	B氏（26株）			◎	26	
	丁株式会社（16株）	A氏（51株）		○	16	・C氏は0％＋15％＋0％＋7％＝22％をもって
		C氏（49株）		×	0	
	C氏（7株）			×	7	
[31]	乙株式会社（100株）	A氏（21株）		○	100	・丙株式会社はA氏の支配法人であるため、21％＋30％＝51％をもって乙株式会社はA氏の支
		丙株式会社（30株）	A氏（51株）	○		
			B氏（49株）	×	0	

	B氏（49株）			×	0	配法人となり、A氏は100%をもって該当
[32]	乙株式会社(50株)	丙株式会社(100株)	A氏（51株）	○	50	・丙株式会社はA氏の支配法人であるため、100%をもって乙株式会社はA氏の支配法人となり、A氏は50%をもって該当
			B氏（49株）	×	0	
	B氏（50株）			◎	50	
[33]	乙株式会社(50株)	丙株式会社(100株)	A氏（50株）	×	0	・A氏、B氏にとって支配法人は不存在
			B氏（50株）	—	0	
	B氏（50株）			◎	50	
[34]	乙株式会社(51株)	丙株式会社(51株)	A氏（51株）	○	51	・丙株式会社はA氏の支配法人であるため、51%をもって乙株式会社はA氏の支配法人となり、A氏は51%をもって該当 ・25%超のD氏は50%超の他の自然人の存在により非該当
			B氏（49株）	×	0	
		C氏（49株）		×	0	
	D氏（49株）			×	49	
[35]	乙株式会社(50株)	丙株式会社(51株)	A氏（51株）	○	50	・丙株式会社はA氏の支配法人であるため、51%をもって乙株式会社はA氏の支配法人となり、A氏は50%をもって該当
			B氏（49株）	×	0	
		C氏（49株）		×	0	
	D氏（50株）			◎	50	
[36]	乙株式会社(51株)	丙株式会社(50株)	A氏（51株）	×	0	・丙株式会社はA氏の支配法人であるが、丙株式会社は乙株式会社に対して50%超を保有していないことから、乙株式会社はA氏の支配法人として不成立
			B氏（49株）	×	0	
		C氏（50株）		×	0	
	D氏（49株）			◎	49	
[37]	学校法人己(100株)			×	—	・資本多数決法人でなければ支配法人となり得ないことから、学校法人己については犯取法施行規則11条2項1号の実質的支配者を観念することは不能

						・甲株式会社について犯収法施行規則11条2項2号以下の実質的支配者を検討（学校法人己の実質的支配者が甲株式会社について犯収法施行規則11条2項2号の実質的支配者に該当する可能性はあり得る。）
〔38〕	学校法人己（74株）				×	—	・〔37〕の備考の前段と同様に、学校法人己については犯収法施行規則11条2項1号の実質的支配者を観念することは不能 ・A氏が実質的支配者となることで、甲株式会社について犯収法施行規則11条2項2号以下の実質的支配者の検討は不要（〔37〕の備考の後段の括弧書きの可能性も検討の必要はない。）
	A氏（26株）				◎	26	
〔39〕	学校法人己（85株）				×	—	・〔37〕の備考の前段と同様に、学校法人己については犯収法施行規則11条2項1号の実質的支配者を観念することは不能 ・甲株式会社について犯収法施行規則11条2項2号以下の実質的支配者を検討（学校法人己の実質的支配者が甲株式会社について犯収法施行規則11条2項2号の実質的支配者に該当する可能性はあり得る。）
	A氏（15株）				×	15	

[40]	A氏（51株）甲株式会社の事業経営を実質的に支配する意思又は能力を有していないことが明らかな場合に該当する者（第2章 第1の4(7)）			×	51	・25%超のB氏は50%超の他の自然人の存在により非該当（A氏が甲株式会社の事業経営を実質的に支配する意思又は能力を有していないことが明らかな場合に該当するときであっても、B氏が犯罪収益移転防止法施行規則11条2項1号の実質的支配者となるわけではない。）・甲株式会社について2号以下の実質的支配者を検討
	B氏（49株）			×	49	
[41]	A氏（100株）			◎	100	・〔1〕と同じであり、資本多数決法人にあっては犯罪収益移転防止法施行規則11条2項1号の実質的支配者が存在するときは、同項2号の実質的支配者は対象外
	X氏（出資、融資、取引その他の関係を通じて当該法人の事業活動に支配的な影響力を有すると認められる自然人）			×		
[42]	A氏（50株）			◎	50	・〔2〕と同じであり、資本多数決法人にあっては犯罪収益移転防止法施行規則11条2項1号の実質的支配者が存在するときは、同項2号の実質的支配者は対象外
	B氏（50株）			◎	50	
	X氏（出資、融資、取引その他の関係を通じて当該法人の事業活動に支配的な影響力を有すると認められる自然人）			×		
[43]	A氏（51株）			◎	51	・〔3〕と同じであり、資本多数決法人にあっては犯罪収益移転防止法施行規則11条2項1号の実質的支配者が存在するときは、同項2号の実質的支配者は対象外
	B氏（49株）			×	49	
	X氏（出資、融資、取引その他の関係を通じて当該法人の事業活動に支配的な影響力を有すると認められる自然人）			×		

[44]	A氏（34株）			◎	34	・〔4〕と同じであり、資本多数決法人にあっては犯罪収益移転防止法施行規則11条2項1号の実質的支配者が存在するときは、同項2号の実質的支配者は対象外
	B氏（33株）			◎	33	
	C氏（33株）			◎	33	
	X氏（出資、融資、取引その他の関係を通じて当該法人の事業活動に支配的な影響力を有すると認められる自然人）			×		
[45]	A氏（49株）			◎	49	・〔5〕と同じであり、資本多数決法人にあっては犯罪収益移転防止法施行規則11条2項1号の実質的支配者が存在するときは、同項2号の実質的支配者は対象外
	B氏（26株）			◎	26	
	C氏（25株）			×	25	
	X氏（出資、融資、取引その他の関係を通じて当該法人の事業活動に支配的な影響力を有すると認められる自然人）			×		

● この表は、顧客等（依頼者）である甲株式会社について、株式を通して関係する自然人が、犯収法施行規則11条2項1号の実質的支配者に該当するか否かを中心に、種々のケースを検討した結果を表したものである。

◎：当該議決権割合のみをもって該当

○：複数の議決権割合を合算する、間接保有を間接保有するなど◎以外の状態で該当

×：非該当

● 実際に、代表者等から申告を受けるに当たって参考にしていただきたいが、その申告を受ける内容については特定事業者である個々の司法書士が判断することとなる。

【参考資料Ⅵ】

●資本多数決法人以外の法人の実質的支配者（犯罪収益移転防止法施行規則11条2項3号のもの）

資本多数決法人以外の法人　甲法人（カッコ内は収益・財産の配当・分配率）

	甲法人の収益・財産の配当・分配を受ける者	左欄の株式会社の株主	犯罪収益移転防止法施行規則11条2項3号の実質的支配者該当性	顧客等に対する収益・財産の配当・分配率（犯罪収益移転防止法施行規則）	備考
〔51〕	A氏（100%）		◎	100	
〔52〕	A氏（50%）		◎	50	
	B氏（50%）		◎	50	
〔53〕	A氏（51%）		◎	51	・25%超のB氏は50%超の他の自然人の存在により非該当
	B氏（49%）		×	49	
〔54〕	A氏（34%）		◎	34	
	B氏（33%）		◎	33	
	C氏（33%）		◎	33	
〔55〕	A氏（49%）		◎	49	
	B氏（26%）		◎	26	
	C氏（25%）		×	25	
〔56〕	A氏（25%）		×	25	
	B氏（25%）		×	25	
	C氏（25%）		×	25	
	D氏（25%）		×	25	
〔57〕	A氏（100%）		◎	100	・〔51〕の場合にX氏が存在するが、資本多数決法人以外の法人では、犯罪収益移転防止法施行規則11条2項3号イ、ロの実質的支配者が存在するときは並存
	X氏（出資、融資、取引その他の関係を通じて当該法人の事業活動に支配的な影響力を有すると認められる自然人）		◎		
〔58〕	A氏（50%）		◎	50	・〔52〕の場合にX氏が存在するが、資本多数決法人以外の法人では、犯罪収益移転防止法施行規則11条2項3号イ、ロ
	B氏（50%）		◎	50	
	X氏（出資、融資、取引その他の関係を通じて当該法人の事業活動に支配		◎		

182

	的な影響力を有すると認められる自然人)				の実質的支配者が存在するときは並存
[59]	A氏（51%）		◎	51	・〔53〕の場合にX氏が存在するが、資本多数決法人以外の法人では、犯罪収益移転防止法施行規則11条2項3号イ、ロの実質的支配者が存在するときは並存
	B氏（49%）		×	49	
	X氏（出資、融資、取引その他の関係を通じて当該法人の事業活動に支配的な影響力を有すると認められる自然人）		◎		
[60]	A氏（34%）		◎	34	・〔54〕の場合にX氏が存在するが、資本多数決法人以外の法人では、犯罪収益移転防止法施行規則11条2項3号イ、ロの実質的支配者が存在するときは並存
	B氏（33%）		◎	33	
	C氏（33%）		◎	33	
	X氏（出資、融資、取引その他の関係を通じて当該法人の事業活動に支配的な影響力を有すると認められる自然人）		◎		
[61]	A氏（49%）		◎	49	・〔55〕の場合にX氏が存在するが、資本多数決法人以外の法人では、犯罪収益移転防止法施行規則11条2項3号イ、ロの実質的支配者が存在するときは並存
	B氏（26%）		◎	26	
	C氏（25%）		×	25	
	X氏（出資、融資、取引その他の関係を通じて当該法人の事業活動に支配的な影響力を有すると認められる自然人）		◎		
[62]	A氏（25%）		×	25	・〔56〕の場合にX氏が存在するが、資本多数決法人以外の法人では、犯罪収益移転防止法施行規則11条2項3号イ、ロの実質的支配者が存在するときは並存し、ここでは、イの実質支配者は不存在であり、ロの実質的支配者だけが存在
	B氏（25%）		×	25	
	C氏（25%）		×	25	
	D氏（25%）		×	25	
	X氏（出資、融資、取引その他の関係を通じて当該法人の事業活動に支配的な影響力を有すると認められる自然人）		◎		
[70]	乙株式会社（100%）※乙株式会社の発行済み株式の総数は100株とする（株式も議決権の制限はないものとする。以下同様。）。	A氏（100株）	×	0	・資本多数決法人以外の法人では支配法人の概念がなく、犯罪収益移転防止法施行規則11条2項3号イの実質的支配者は不存在（別途、ロの実質的支配者を要検討（A氏が該当する可能性））
[71]	乙株式会社（100%）	A氏（50株）	×	0	・資本多数決法人以外の法人では支配法人の概念がなく、犯

	B氏（50株）	×	0	罪収益移転防止法施行規則11条2項3号イの実質的支配者は不存在（別途、ロの実質的支配者を要検討（A氏、B氏が該当する可能性））
〔72〕 乙株式会社（100％）	A氏（51株）	×	0	・資本多数決法人以外の法人では支配法人の概念がなく、犯罪収益移転防止法施行規則11条2項3号イの実質的支配者は不存在（別途、ロの実質的支配者を要検討（A氏が該当する可能性））
	B氏（49株）	×	0	

※　乙株式会社は国等（第2章第1の4⒀）に該当しないものとする（該当する場合は、当該国等を自然人とみなして、実質的支配者としての該当性を判断する。）。

● 　この表は、顧客等（依頼者）である甲法人について、その収益・財産の配当・分配率を基に、犯罪収益移転防止法施行規則11条2項3号の実質的支配者に該当するか否か、種々のケースを検討した結果を表したものである。
　　◎：当該議決権割合のみをもって該当
　　×：非該当
● 　実際に、代表者等から申告を受けるに当たって参考にしていただきたいが、その申告を受ける内容については特定事業者である個々の司法書士が判断することとなる。

■ 著者略歴 ■

末光　祐一（すえみつ　ゆういち）

昭和63年　司法書士試験、土地家屋調査士試験、行政書士試験　合格
昭和64年　愛媛大学工学部金属工学科中退
平成元年　司法書士登録・土地家屋調査士登録、行政書士登録
平成13年　日本司法書士会連合会司法書士中央研修所副所長
平成15年　日本司法書士会連合会理事
平成21年　日本司法書士会連合会司法書士執務調査室執務部会長
平成24年　愛媛大学法文学部総合政策学科司法コース非常勤講師
平成25年　日本司法書士会連合会司法書士総合研究所主任研究員
令和元年　日本司法書士会連合会マネーローンダリング・テロ資金供
　　　　　与対策等対応PTメンバー
令和3年　日本司法書士会連合会司法書士執務調査室マネーローンダ
　　　　　リング・テロ資金供与対策部会室委員

KINZAIバリュー叢書 L
改正犯収法と司法書士

2024年11月20日　第1刷発行

　　　　　　　　　　　　　　　著　者　末　光　祐　一
　　　　　　　　　　　　　　　発行者　加　藤　一　浩

〒160-8519　東京都新宿区南元町19
発　　行　　所　一般社団法人 金融財政事情研究会
　　編集部　TEL 03(3355)1721　FAX 03(3355)3763
　　販売受付　TEL 03(3358)2891　FAX 03(3358)0037
　　　　　　URL https://www.kinzai.jp/

DTP・校正：株式会社友人社／印刷：三松堂株式会社

・本書の内容の一部あるいは全部を無断で複写・複製・転訳載すること、および
　磁気または光記録媒体、コンピュータネットワーク上等へ入力することは、法
　律で認められた場合を除き、著作者および出版社の権利の侵害となります。
・落丁・乱丁本はお取替えいたします。定価はカバーに表示してあります。

ISBN978-4-322-14479-6

創刊の辞

2011年3月、「KINZAI バリュー叢書」は創刊された。ワンテーマ・ワンブックスにこだわり、実務書より読みやすいが新書ほど軽くないをコンセプトに、現代をわかりやすく切り取り、かゆいところに手が届く、丁度いい「知識サイズ」に仕立てた。

ニュース解説に留まらず物事を「深掘り」した結果、バリュー叢書は好評を博し、間もなく第一作の「矜持あるひとびと」から数えて刊行100冊を迎える。読者諸氏のご愛顧の賜物である。

バリュー叢書に通底する理念は不易流行である。「金融」「経営」などのあらゆるジャンルに果敢に挑戦しながら、「不易」─変わらないもの─と「流行」─変わるもの─とをバランスよく世に問うことである。本叢書シリーズは決して色褪せない。それはすなわち、斯界の第一線実務家や研究者が現代を切り取り、コンパクトにまとめ、時代時代の先進的なテーマを鮮やかに一冊に落とし込んでいるからだ。次代に語り継ぐべき大切な「教養」や「斬新な視点」、「魅力溢れる人間力」が手本なき未来をさまようビジネスパーソンの羅針盤になっているものと確信している。

2022年12月、新たに「Legal」を加え、12年振りに「バリュー叢書L」を創刊する。不易流行は変わらずに、いま気になることがすぐにわかる内容となっている。第一線実務家や研究者はもとより、立案担当者や制度設計に携わったプロ達も執筆陣に迎えている。

新シリーズもまた、混迷の時代、先が見通せないと悩みながら「いま」を生き抜くビジネスパーソンの羅針盤であり続けたい。

加藤　一浩